JN213343

新金融実務手引選書

融資契約の手引

三菱UFJ銀行法務部［編著］

一般社団法人 金融財政事情研究会

はじめに

本書は、これまで融資実務手引選書、新金融実務手引シリーズおよび法人融資手引シリーズの１冊として、平成８年４月の初版（『貸出実務の手引き』として刊行）、平成18年２月の改訂版（『融資契約』として刊行）、平成20年５月の改訂版第２版（『融資契約〔第２版〕』として刊行）、平成27年５月の改訂版第３版（『融資契約〔第３版〕』として刊行）と改訂してきた経緯にある。

今般の改訂においては、新金融実務手引選書シリーズの１冊として書名も新たに『融資契約の手引』とし、前回改訂以降10年余りの間に生じた債権法改正やサステナビリティへの取組みに対応する諸法令の制改定、デジタル化の進展に伴う電子契約の拡大・手形小切手のペーパーレス化といった、金融法務を取り巻く環境変化を反映した。あわせて、この機会に表現等についても可能な限り平易な内容に改めた。本書を手にとってくださった金融法務に携わるすべての皆さまのお役に少しでも立てば幸いである。

なお、『融資契約〔第３版〕』まで本書を共同編集・執筆くださっていた関沢正彦先生が令和６年３月に逝去された。巻頭言の結びにかえて、先生の永年にわたる金融法務へのご貢献にあらためて感謝申し上げるとともに、心よりご冥福をお祈り申し上げる。

令和７年２月

三菱UFJ銀行法務部
塚本　邦雄
水口　大弥

【執筆者一覧】

宮　健太郎（みや　けんたろう）

八田　　剛（はった　ごう）

中根　大輔（なかね　だいすけ）

佐藤　英之（さとう　ひでゆき）

尾瀬　香菜（おせ　かな）

髙畠三由紀（たかばたけ　みゆき）

原　　貴晃（はら　たかあき）

武田　佑季（たけだ　ゆき）

鈴木　絵理（すずき　えり）

皆川　　芳（みながわ　かおる）

目　次

第1章　融資契約とコンプライアンス

第3章 融資の種類

第1章

融資契約とコンプライアンス

第1節　融資取引と法規制

1　融資取引に関する金融機関の法的責任

(1)　レンダーライアビリティの意義

レンダーライアビリティ（Lender Liability）は、日本語では、通常貸し手責任と称されている。アメリカでのレンダーライアビリティは、コモンロー上あるいは制定法上の諸法理の集合であり、いわばモザイク的寄せ集めの法理とされている（小林秀之＝河村基予「レンダー・ライアビリティをめぐる近時の動向と今後の展望」金融法務事情1405号6頁、1406号30頁）。その具体的内容は、①融資約束の不履行、②不公正な取引、③貸し手の詐欺的あるいは誤表示を信じて行動したことによる損害賠償責任、④共同事業であることの擬制による責任、⑤不法行為、⑥包括環境対処補償責任法による責任といったもののようである。1980年に制定された包括環境対処補償責任法は、有害物質の発生、輸送、管理にかかわった者に対して責任を負担させるものである。経営に参加しない担保権者を除外する規定があったが、経営参加の意義をめぐっては金融機関に広範な責任を負わせる判決もあった。そこで1996年の改正（資産保全・貸し手責任・デポジット保険保護法）により、債権者が除外される範囲が明確化された。

日本では、アメリカで特に1980年代に問題にされたレンダーライアビリティという用語を輸入し、消費者保護、借り手保護の社会的要請を訴えるため、あるいは特にバブル崩壊後バブル期の金融機関の融資姿勢を批判するための道具概念として使われることも多い。

もっとも、日本法において、レンダーライアビリティ、貸し手責任という特別の法的カテゴリーがあるわけではなく、融資契約ないし融資予約の成立と責任、契約締結上の過失等といったかたちで議論される。金融実務において重要なのは、これらの責任の具体的内容とそうした紛争の発生を防止するにはどうしたらよいかを考えることである。

なお、アメリカの包括環境対処補償責任法の影響を受けて、日本でも平成14年に土壌汚染対策法が制定された。融資債権者、担保権者としての金融機関に直接責任が生じるものではないが、担保評価等には影響が生じうる。

⑵ 消費者保護の要請と立法

貸し手責任という語を用いるかどうかは別として、消費者保護（融資取引でいえば借り手保護）という社会的要請は、バブル経済崩壊後の金融をめぐる混乱を経て、高まりをみせている。その一環として金融機関の説明義務の問題があげられるが、たとえば銀行法においては、預金等に係る契約の内容その他の参考情報の提供、銀行業務に係る重要な事項の顧客への説明その他健全適切な運営確保のための措置を求め、また、顧客に対する虚偽告知、断定的判断の提供等を禁止し（同法12条の２、13条の３）、さらに、外貨預金のような特定預金等の契約の締結については金融商品取引法の行為規制の一部を準用する（同法13条の４）など、業規制の観点から説明義務の内容を具体化することで消費者保護を図っている。また、金融サービスの提供及び利用環境の整備等に関する法律（以下「金融サービス提供法」という）や消費者契約法も、これらについて私法上の観点から特則を設けることを通じて消費者保護を図っている。

2 説明義務

説明義務の問題は、貸し手責任のなかに含めて考えることもできるが、要するに、融資をする者として借り手等に対してどのような内容をどの程度説明する必要があるかということである。

⑴ 説明義務の根拠

a 銀行法上の情報提供、説明義務

銀行法は、銀行の預金等に関する参考情報を提供し、銀行の業務に係る重要な事項の説明等健全かつ適切な運営を確保するための措置を講じることを

求めている（同法12条の２、銀行法施行規則13条の７）。また、顧客に対する虚偽告知、断定的判断等の提供等の行為を禁止している（同法13条の３、同法施行規則14条の11の３）。なお、外貨預金のような特定預金等の契約の締結については金融商品取引法の行為規制の一部も準用されている（同法13条の４）。もっとも、銀行法は基本的に銀行を名宛人とする業規制であるから、基本的には銀行法上の規定が直接私法上の効果を生じるものではないと考えられる。

上記に加え、金融庁の金融機関に対する監督指針（「主要行等向けの総合的な監督指針」および「中小・地域金融機関向けの総合的な監督指針」）においても、顧客、利用者保護のための情報提供として、独占禁止法的な観点（後述本節７参照）も含めて、情報提供、説明義務の問題が詳細に記載されている（「与信取引等（貸付契約並びにこれに伴う担保・保証契約及びデリバティブ取引）に関する顧客への説明態勢」主要行等向けⅢ－３－３－１、中小・地域金融機関向けⅡ－３－２－１、令和６年10月現在）。監督指針は、その名のとおり金融庁の金融機関に対する監督の指針を示すものであって、顧客と金融機関との私法上の法律関係を直接規律するものではないが、次の項目に関し詳細な定めがあるので十分留意する必要がある。

① 全行的な内部管理態勢の確立
② 契約時点等における説明
③ 貸付に関する基本的な経営の方針（クレジットポリシー等）との整合性
④ 顧客との情報共有の拡大と相互理解の向上に向けた取組み
⑤ 取引関係の見直し等の場合の説明
⑥ 苦情等処理機能の充実・強化
⑦ 不公正取引との誤認防止

b　私法上の説明義務

(a)　判例の考え方

私法上の説明義務については、これまでさまざまな議論がなされてきたところであるが、最高裁平成23年４月23日判決（民集65巻３号1405頁）によれば、「契約の一方当事者が、当該契約の締結に先立ち、信義則上の説明義務に違反して、当該契約を締結するか否かに関する判断に影響を及ぼすべき情報を相手方に提供しなかった場合には、上記一方当事者は、相手方が当該契約を締結したことにより被った損害につき、不法行為による賠償責任を負うことがある」とされており、基本的には、一定の取引関係に入った者同士の信義則上の義務（民法１条２項）と考えられる。

(b) 法令による特則

これに加え、一定の契約類型や取引関係に関し、前記の金融サービス提供法と消費者契約法が特則を設けている。

金融サービス提供法によれば、金融商品販売業者等は、金融商品の販売等を業として行うときは、金融商品の販売等が行われるまでの間に、顧客に対し、金融サービス提供法４条１項各号に掲げる重要事項について説明しなければならない。説明すべき重要事項は、販売される金融商品によって異なるところではあるが、元本欠損が生ずるおそれがある場合には、そのおそれ（リスク）、元本欠損が生ずるおそれの要因（市場リスクや信用リスク）、元本欠損が生ずるおそれを生じさせる取引の仕組みがあげられる。

当初元本を上回る損失が生ずるおそれがある場合には、そのおそれ（リスク）、当初元本を上回る損失が生ずるおそれの要因（市場リスクや信用リスク）、当初元本を上回る損失が生ずるおそれを生じさせる取引の仕組みがあげられる。このほかにも、金融商品の販売の対象である権利を行使することができる期間の制限または金融商品の販売に係る契約の解除をすることができる期間の制限があるときには、その旨も重要事項に含まれる。そしてこの説明は、顧客の知識、経験、財産の状況および契約締結目的に照らして当該顧客に理解されるために必要な方法および程度で行われなければならない（金融サービス提供法４条２項）。金融サービス提供法は、このほか断定的判断の提供等の禁止（同法５条）、説明義務違反があったときの損害賠償責任（同法６条）、損害額の推定（同法７条）を定めている。単純な融資取引は対象にはならないが、融資取引に絡むデリバティブ取引やデリバティブ取引を内包する融資取引は対象となりうる。

これに対して、消費者契約法は、事業者と消費者間の契約一般を対象とし、契約の無効や取消等契約の効力等について民法の特則を定めるものである。努力義務としてではあるが、契約条項の策定にあたり消費者契約の内容が明解かつ平易なものになるように配慮すること（消費者契約法３条１項１号）や、勧誘等の場面で消費者へ情報提供すること（同項２号〜４号）を定めている。情報提供については令和４年改正により拡充されており、消費者契約締結の勧誘に際しては、個々の消費者の知識および経験のみならず、年齢や心身の状態も総合的に考慮したうえで、消費者契約の内容についての必要な情報を提供することとされ、情報提供にあたっての考慮要素が追加された（同項２号）。その他定型約款の表示請求権に関する情報提供（同項３号）、解除権行使に必要な情報提供（同項４号）についても新たに定められた。

⑵　説明義務の内容

a　融資契約、担保、保証契約についての基本的説明

一般的な融資契約の性質は、典型契約の一つである金銭消費貸借契約（民法587条。なお、債権法改正により諾成的金銭消費貸借契約も同法587条の２として明文で規定された）であり、返還約束と金銭授受がその本質的要素とされるが、実際の融資契約の締結においては、借入人にとっては弁済条件や金利が重要であり、金融機関は顧客に対し、弁済条件や金利について説明すべきである。なおこの点につき、古典的な融資形態である手形貸付については、金利等の契約条件が書面上明確でないなどの問題点が公正取引委員会から指摘されている。また、住宅ローン契約についても、近時、金利の設定や変動方法が多様化していることに伴って、それらの点について十分な説明が求められている（平成16年12月21日全国銀行協会申合せ参照）。

担保、保証については、前述の金融庁監督指針や「経営者保証に関するガイドライン」においても、保証契約の必要性等説明すべき事項が列挙されており（経営者以外の第三者保証に関してはさらに加重されている点に留意が必要）、これらに沿った説明が求められる。

b　リスク等の説明

金融機関が販売あるいは取り扱う商品については、金融機関は説明義務を

負う。説明すべき重要事項として、商品の「仕組み（スキーム）とリスク」があげられ、このうち特に重要なものはリスクの説明であるが、仕組みについても、具体的リスクを十分認識できる程度に説明し理解を得ることが必要である（金融サービス提供法３条１項１号ハ等参照）。

また、仕組みとリスクについて十分な説明を受けたことについて、顧客から確認書の提出を受けることは有用である。書面の提出を受けることは、後日の紛争時に証拠として有用になるという面もあるが、顧客にとっても金融機関にとっても口頭だけのやりとりに比べ重みがあると思われる。このような書面の提出を受けることを通じて、顧客に慎重な判断を促し、理解不足や誤解のないことを確認するという意義も有すると思われる。

なお、自ら勧誘する金融商品についての具体的説明に関する判例として、保険に関するものであるが、最高裁平成８年10月28日判決（金融法務事情1469号49頁）、同平成15年12月９日判決（金融法務事情1706号35頁）をあげておく。

c　金融機関が勧誘行為を行うことができない商品の説明

金融機関はそれぞれの業規制で定められた一定の範囲の業務しか行うことができない（銀行法12条、金融商品取引法35条等）。金融機関がそれぞれの業規制に基づき勧誘行為を行うことができないような場合には、当該勧誘をできない商品については、その内容について説明することもできない。一方、金融機関には業法等で定められている以上に広範囲の顧客保護を期待されている面も否定できない。したがって、このような場合に金融機関において重要なのは、顧客に誤認させないように注意すること、商品等の販売業者、資格者等から適切な説明を受け、顧客自身が自ら判断する必要があることを説明することである。たとえば融資契約に基づき借り入れた資金の使途に関する契約について、金融機関に説明すべき法的義務があるわけではないが、紛争防止のためには、商品等の販売業者、資格者等から適切な説明を受け、顧客自身が自ら判断する必要があることを説明することが重要であろう。

3　融資契約に関連する具体的問題

融資契約をめぐる法律問題で、貸し手責任や説明義務の問題として論じられることがある問題について取り上げる。

(1)　融資契約成立に至る過程で生じる法律問題

前述のとおり、一般的な融資契約の法的性質は金銭消費貸借契約であり、民法の典型契約としての要物契約である。すなわち、返還約束と金銭の授受がなされてはじめて成立する（同法587条。なお、債権法改正により諾成的消費貸借契約も同法587条の２にて明文化された。この場合は金融機関と借主の間で貸し借りについて合意する（契約書を作成する）だけで融資契約が成立し、金銭授受は契約成立の要件ではない。また、いわゆるコミットメントライン（第３章第10節参照）については、特定融資枠契約に関する法律では、一方当事者に消費貸借契約の予約完結権を付与する金銭消費貸借契約の予約として構成されている。ここでは、要物契約としての金銭消費貸借契約を念頭に検討する）。

a　融資契約の成立過程

融資契約が成立するまでには、金融機関と借主との間で、資金需要に関する申入れ、相談、提案、交渉、検討等がなされ、その後、正式な申込みがなされ、金融機関内でいわゆる審査手続がなされ（その間も金融機関内部や金融機関と借主間で並行して交渉が行われることも多い）、融資の可否が決定、回答される。融資を行うとの回答の場合でも、金額、期間、返済方法、金利等はもちろん担保差入れや一定の資料（資金使途や財務に関する資料等）の提出といった諸条件の充足を前提にしている。その条件をめぐりさらに交渉が繰り返されることもある。そのような多様な条件について双方が合意し、担保条件等が充足され、金銭消費貸借契約書が作成、交付され、金銭が交付されて（通常、融資金が借主の預金口座に入金記帳された時）はじめて融資契約が成立する。融資契約の成立には、実務上このような複雑な過程が存在する。

b　融資契約成立前の問題

しかし、金銭消費貸借契約書が作成、交付され金銭が交付される前段階においても、借主は、交渉過程を通じ融資が実行されるとの期待を抱き、それを前提として事業等の準備を行うこともある。このようなケースにおいて融資が最終的に実行されなかった場合、融資契約は成立していないとしても、顧客に契約の成立に対する強い信頼を与えた場合には損害（通常は信頼利益）を賠償する義務を負う（内田貴『民法Ⅱ〔第３版〕』24頁）ことがあるとされている（いわゆる「契約締結上の過失」の問題）。判例も契約準備段階における信義則上の注意義務違反として一定の場合には損害賠償義務を認めていると考えられる（最判昭59．９．18判例時報1137号51頁）。

c　融資契約成立前に融資証明書を発行する場合の問題

融資契約成立前の交渉過程のなかで、融資証明書を発行する場合がある。融資証明書を発行した場合、その内容等によっては諾成的金銭消費貸借契約が成立する場合がありうる。諾成的金銭消費貸借契約が成立していると評価される場合には、基本的にはこれに基づいて金融機関は融資義務を負う。一方、融資証明書を発行したにもかかわらず、特別の事情に基づき融資を実行しない場合がありえ、この場合に金融機関の責任が問題となる。この点につき、東京高裁平成６年２月１日判決（金融法務事情1390号32頁）は、銀行が貸出条件に基づく融資をする旨を記載した融資証明書を発行して融資する旨の明確な約束をした場合において、一方的に融資約束を破棄する行為に出たときは、取引上是認するに足る正当な事由がない限り当該銀行は不法行為による損害賠償責任を負うとしている。一方で実務上は、このような紛争を事前に回避する観点から、融資証明書を発行する場合には、融資義務を免れる条件を明確にすること（第三者に対する関係の手当も含む）、融資の実行が困難になったときは、融資拒絶の意思を明確に表示し、交渉過程を詳細に記録しておくといった手当を図ることが重要である。

なお、口頭のやりとりだけで、融資証明書や金銭消費貸借契約書の授受がなされていなかったケースで、融資契約の成立を否定したものとして、東京高裁平成元年４月13日判決（金融法務事情1236号29頁）、同平成11年10月20

日判決（金融商事判例1080号９頁）がある。

⑵　デリバティブ取引

古典的な融資取引では、借主の経済状況の変化により返済ができなくなることはあっても、契約自体から生じるリスクは、変動金利融資における金利の変動ぐらいであった。しかし、外国為替取引の自由化により、外貨建融資、いわゆるインパクトローンが普及し、融資取引にも外国為替変動というリスクが存在することとなった。その後、金融技術の発展により、多様なスワップ、オプション等いわゆるデリバティブ取引が増加し、これと融資取引がさまざまなかたちで組み合わされて利用されるようになった。そうした融資取引とデリバティブ取引との関係は、融資契約と一体となった複合契約的なものもあれば、経済的には密接に関連しながらも、別個独立の契約としてなされることもあり、さまざまである。

これらの取引に関する参考裁判例を時系列に例示すると、インパクトローンにつき大阪地裁昭和62年１月29日判決（金融法務事情1149号44頁）、オプション組込型インパクトローンにつき東京地裁平成４年６月26日判決（金融法務事情1333号43頁）、通貨スワップ組合せ型ローンにつき仙台地裁平成７年11月28日判決（金融法務事情1444号64頁）、仙台高裁平成９年２月28日判決（金融法務事情1481号57頁）、東京高裁平成９年５月28日判決（金融法務事情1499号32頁）、東京地裁平成９年10月31日判決（金融法務事情1515号49頁）、東京地裁平成10年７月17日判決（判例時報1666号76頁）、東京地裁平成11年５月31日判決（判例タイムズ1017号173頁）、東京地裁平成15年５月27日判決（金融法務事情1683号63頁）、広島高裁平成18年10月19日判決（裁判所ホームページ）等がある。

なお、デリバティブ取引一般は原則として金融商品取引法の規制対象となる（なお、金利スワップ契約における説明義務について判示したものとして最高裁平成25年３月７日判決、最高裁平成25年３月26日判決がある）。融資取引一般は同法の規制対象ではないが、これらが組み合わされて取引される場合には、実態に即して（たとえばデリバティブ取引が内在する融資取引であっても単に融資条件の特約を定めるものであるかなど）個別具体的に適用の有無を検討する必要がある。

(3) 融資契約と資金使途の関係等

a 事業における必要資金の融資の場合

金融取引においては、金融機関が顧客に対し、事業に関する業者等を紹介するなどしたうえで、当該事業に必要な資金を融資することがある。ところが、当該事業等が思うようにうまくいかず、融資金の弁済が困難になると、顧客から苦情を申し立てられ、融資契約の無効を主張されたり損害賠償を請求されたりすることがある。

たとえば顧客が所有している土地上に賃貸ビルを建築するにあたり、当該ニーズに基づいて請負業者を紹介し、建築に着手する時点では、賃貸ビルの需給関係が逼迫した賃料水準にあったが、建物完成時やその後の状況の変化により予想していた収益があげられず、融資金の返済も困難になるといったケース等があげられる。

b 金融機関に責任が生ずる場合

問題は、上記のようなケースにおいて、金融機関にどの程度の説明義務が課されるかである。理論的には、金融機関は資金使途等に関する契約当事者の立場ではないこと、融資契約と資金使途等に関する契約は別個独立の契約であることなどからすれば、基本的には、金融機関は資金使途に関する契約内容等について説明義務を負うものではないと考えられる。一方、顧客保護の観点からは、金融機関において顧客に誤認させないように注意すること、顧客に対し、商品等の販売業者、資格者等から適切な説明を受けたうえで顧客自身が自ら判断する必要があることを説明することが重要である。ただし、金融機関が、資金使途に関する契約について、積極的・主導的に関与しその契約の成立に深く関与したような場合には、例外的に金融機関に信義則上説明義務が生ずることがありえ、その義務を履行していないときは、損害賠償義務等の法的責任が生ずることもありうる。

c 参考判例

参考になるものとして、①最高裁平成15年11月7日判決（金融法務事情1703号48頁）と②同平成18年6月12日判決（金融法務事情1790号57頁）がある。①判決は、金融機関の従業員が顧客に対し融資を受けて宅地を購入するように勧誘する際に、当該宅地が接道要件を具備していないことを説明しなかったとして顧客から損害賠償を請求された事案である。原審は、金融機関（従業員）は、信義則上、本件売買契約締結に先立って、本件土地が接道要件を満たさないことなどについて説明する義務を負うなどとして、請求を一部認めたのに対し、最高裁は、次のように判示して原判決の上告人敗訴部分を破棄し損害賠償請求を棄却した。

ⓐ　売買契約と融資契約は当事者を異にする別個の契約であり、金融機関職員が融資契約を成立させる目的で本件土地の購入にかかわったものであるが、職員が接道要件を具備していないことを認識していながら、ことさら知らせなかったり、知らせることを怠ったりした事情や、金融機関が土地の売主や販売業者と業務提携をし、その職員が本件土地の売主等の販売活動に深くかかわっており、本件土地の購入の勧誘もその一環であるなど、信義則上金融機関の説明義務を肯認する根拠となりうるような特段の事情はうかがわれない。

ⓑ　接道要件を満たしているかは、宅地建物取引業法上重要事項として書面による説明義務があるところ、売主の仲介業者がその説明義務を負っているのであって、金融機関職員に同様の義務があるわけではない。

ⓒ　以上から、金融機関職員が、金融機関から融資を受けて本件土地を購入するように積極的に勧誘し、その結果として、本件売買契約を締結するに至ったという事実があったとしても、その際金融機関職員が接道要件を満たしていないことについて説明をしなかったことが、法的義務に違反し、不法行為を構成するということはできない。

一方、②判決は、銀行が紹介した建築会社が作成した企画に基づいて賃貸マンションを建設するに際し、建築資金は融資金のほか隣接地の売却により捻出する計画となっていたところ、隣接地を売却すると違法建築となり建築確認を受けられないため、返済資金を捻出できなかったとして顧客が建築業者と銀行に対して損害賠償を求めた事案であるが、最高裁は、まず建築会社担当者について、このような敷地に関する問題点の説明義務を認めたうえで、一般に消費貸借契約を締結するにあたり、返済計画の具体的実現可能性は借受人において検討すべき事柄であり、銀行担当者には、返済計画の具体的実現可能性について調査して説明すべき義務が当然にあるわけではないとしつつ、銀行担当者が、提案、紹介しただけではなく、投資プランを作成、説明したことや、その際銀行も取引先に働きかけて確実に実現させる旨を述べたことなどの特段の事情を前提として、銀行担当者についても信義則上の説明義務を肯認する余地があるとしたものである。

なお、差戻審判決において請求の一部が認められている（大阪高判平19.9.27金融商事判例1283号42頁）。

(4) 提携ローン等

a 抗弁権の接続

いわゆる提携ローンについては、「抗弁権の接続」ということが問題にされる。抗弁権の接続とは、通常、契約の当事者でない第三者には対抗できない商品の瑕疵等の抗弁を、割賦販売等において第三者である信販会社にも対抗できることをいう（たとえば割賦販売法30条の４第１項）が、この抗弁権の接続の考え方が提携ローンの場合にも援用されるかが問題となる。

まず、割賦販売法上「ローン提携販売」（指定商品等の対価に充てるための借入で、分割返還を条件とするもの等に係る債務を保証して指定商品等を販売することなどをいう（同法２条２項））に関しては、抗弁権の接続の規定が準用されている（同法29条の４第２項・３項、30条の４、30条の５）。ただし、対象となるのは割賦販売法の適用のある指定商品、指定権利の販売または指定役務の提供を行う場合であるため、たとえば不動産等の販売には抗弁権の接続の規定が準用されるものではない。

b 割賦販売法の「抗弁権接続」規定の法的意義

このように、法律の規定で直接適用または準用されないような場合において、同様の考え方が解釈上妥当するのかが次に問題となる。最高裁は「法的には、別個の契約関係である購入者・あっせん業者間の立替払契約と購入者・販売業者間の売買契約を前提とするものであるから、両契約が経済的、実質的に密接な関係にあることは否定し得ないとしても、購入者が売買契約上生じている事由をもって当然にあっせん業者に対抗することはできないというべきであり、……割賦販売法30条の４第１項の規定〔筆者注：抗弁権の接続に関する規定〕は、法が、購入者保護の観点から、購入者において売買契約上生じている事由をあっせん業者に対抗し得ることを新たに認めたもの」とし、そのような規定のない場合は（法改正によって規定ができる前は）、別途そのような特別の合意があるとき、またはあっせん業者において販売業者が債務不履行に至る事情を知りもしくは知りうべきでありながら立替払いを実行したなどあっせん業者に不履行の結果を帰させることを信義則上相当とする特段の事情があるときでない限り、購入者があっせん業者の履行請求を拒絶することはできないとする（最判平２．２．20金融法務事情1263号27頁）。ただし、立替払契約がいわゆる空クレジット契約である場合に、契約の保証人の錯誤無効の主張を認めた判例がある（最判平14．７．11金融法務事情1667号90頁）。

このように、金融機関と販売業者等の間に取引関係があり、販売商品購入代金等を融資することを提携しているというだけでは、抗弁権の接続や金融機関の法的責任は認められない。しかし、下級審裁判例においては、具体的な関与事情を詳細に認定して金融機関の責任を認めたものも存在することに留意すべきである。いずれにしても、業法上の制約も十分考慮して、金融機関の立場を顧客に十分説明して、誤解や誤った期待を抱かせないようにすることが重要である。

⑸　金融機関が紹介した建設業者が倒産した事例

顧客が、建物を建築する際に、金融機関がその建築資金を融資するとともに顧客にその金融機関の取引先の建設業者を紹介することがある。ところが、紹介した建設業者がその後倒産した場合などには紛争が発生する。金融機関が、業況が悪化していた自己の取引先の建設業者を顧客に紹介し、その顧客に対する融資金をもって支払われた工事請負代金によって、金融機関が自己の建設業者に対する債権の回収をし、その後当該建設業者が倒産したという事案につき、一審（東京地判平７．２．23金融法務事情1415号43頁）は、債権侵害による不法行為の成立を認め、損害賠償請求を一部認容した。これに対して控訴審は、金融機関は再建が可能であると認識していたものと推認でき、融資金の回収を図る目的で紹介が行われていたとは認められず、建築途中に建設業者が倒産し、顧客が損害を受けることを承知しながら、そのような結果の発生を容認していた等の特段の事情の存在が認められない限り、弁済の効力を否定できないとして、請求を棄却した（東京高判平７.12.26金融法務事情1445号49頁）。倒産の可能性の高いことを予測しつつ債権回収リスクを顧客に付け替えるような行為はもとより許されないが、取引先の再建を目的とした支援の一環として紹介する場合でも、他方の顧客の利益に十分な配慮が必要である。

⑹ 小　　括

以上のように、金融機関としては、法的責任の範囲はともかく、金融機関が有し、また求められる信頼性を自覚し、長期的に良好な信頼関係に基盤を置く取引関係の発展に努めることが重要である。

4　融資金利についての規制

融資金利を規制する法律には、利息制限法や出資の受入れ、預り金及び金利等の取締りに関する法律（以下「出資法」という）があるが、これらは規制対象を特定していない一般的な法律である。金融機関を対象とする法律としては、臨時金利調整法がある。

⑴　臨時金利調整法による規制

臨時金利調整法は昭和22年12月に成立、施行され、戦後の金利高騰を抑制してきた。融資金利については法律よりも臨機応変の規制をする必要があったので、昭和30年から全国銀行協会連合会（当時）の申合せがなされ、その後「貸出自主規制金利」として確立されたが、独占禁止法違反（カルテル）の疑いをもたれたため、昭和50年４月に廃止した。これによって形式的には、融資金利についての金融機関間の申合せもなくなったが、それまでの自主規制を踏襲するかたちで全国銀行協会連合会の会長銀行が公定歩合の変更に際して自行の融資金利を決定して発表し、他金融機関がこれに追随するというリーディング方式がとられてきた。しかし、この方法も、標準金利の弾力化のため、昭和56年３月の公定歩合引下げ後はとられていない。平成元年１月以降は、都市銀行を中心に、各金融機関の総調達コストと金融環境を勘案して独自に決定する「新短期プライムレート」が用いられるようになっている。

現在も、臨時金利調整法に基づく昭和23年１月10日大蔵省告示第４号「金融機関の金利の最高限度に関する件」において、金融機関の貸付の利率、手形の割引率および当座貸越の利率の最高限度は年15.0％とされている。ただし、返済期限１年以上または１件の金額100万円以下の貸付および手形の割引、特別国際金融取引勘定において経理される貸付ならびに外国通貨建ての貸出については適用されない。なお、返済期限１年以上の「長期貸出」については、長く「長期プライムレート」が基準として用いられてきた。しかし、都市銀行はじめ多くの普通銀行では、前記（新）短期プライムレートを基準にして長期融資金利を設定するようになっているほか、金融自由化の進展や金融再編に伴い、その意味は大きく変化している。

⑵　利息制限法による規制

利息制限法は、元本10万円未満年20％、元本10万円以上100万円未満年18％、元本100万円以上年15％に利息を規制している（同法１条）。遅延損害金については利息の1.46倍を限度としているので、それぞれ29.2％、26.28％、21.9％まで認められることになる（同法４条）。これらの制限を超える利息や損害金の契約は超過分につき無効である（同法１条１項、４条１項）。なお、営業的金銭消費貸借（債権者が業として行う金銭を目的とする消費貸借。金融機関の貸付はこれに当たると考えられる）の場合には、元本を考えるうえで、複数の貸付の残元本を合算する特則がある（同法５条）。また、営業的金銭消費貸借における遅延損害金についても20％の上限を定める特則がある（同法７条）。

平成18年改正（平成22年施行）前の利息制限法では、債務者がこの超過部分を任意に支払った場合は、その返還を請求することができないとされており（改正前同法１条２項、４条２項）、この規定の解釈については争いがあったが、判例は制限超過部分の元本充当を肯定し（最判昭39.11.18民集18巻９号1868頁）、さらに、制限超過の利息や遅延損害金を任意に支払った債務者は、制限超過部分を元本に充当すると計算上元本が完済になった場合は、債務が存在しないのにその弁済として支払ったものにほかならないとして、その金額についても不当利得返還請求できるとし（最判昭43.11.13金融法務事情528号19頁）、制限超過の利息や遅延損害金を元本と同時に支払った場合についても不当利得返還請求を認めた（最判昭44.11.25民集23巻11号2137頁）。

これら一連の最高裁判決によれば、「利息制限法の超過利息・遅延損害金」については①債権者は支払請求することができない、②債務者が任意に支払った場合は元本があれば元本に充当し、元本も完済された場合は不当利得として返還請求することができるということになる。こうした一連の判例により事実上規定が空文化していたため、平成18年改正で削除された。利息制限法については、ほかにみなし利息の規定が重要である。すなわち、同法３条は、金銭消費貸借に関し債権者の受ける元本以外の金銭は、礼金、割引金、手数料、調査料その他の名目を問わず利息とみなし（ただし、契約の締結および債務弁済の費用は含まれない）、上記の利率の制限等の規定の適用があるものとしている（「みなし利息」）。融資に関連して、なんらかの手数料を受け入れることがある。この場合、その手数料がみなし利息に該当しないか、該当するとすれば、その手数料を含めた利息が、利息制限法の上限を超過しないか注意することが必要である。営業的金銭消費貸借の場合には、適用対象を限定する特則がある（同法６条）ため特に注意が必要である。

貸金業者が融資を行う際に、100％子会社である信用保証会社が保証料を受け入れていた事案について、信用保証会社の設立経緯、保証料等の割合、業務の内容および実態、組織、体制等によれば、当該貸金業者は法の趣旨を潜脱し、最終的には配当を通じて自らに還流させる目的で保証委託をさせていたということができ、信用保証会社の受ける保証料等は、利息制限法３条所定のみなし利息に当たるとした判決がある（最判平15.７.18金融法務事情1691号38頁）。この判決は、前記のような保証会社の実態を前提にした判断であり、金融機関の信用保証会社とは実態が異なるが、平成18年改正では、この判決を反映して、営業的金銭消費貸借の場合の特則として、保証会社の取得する保証料も利息と合算して同法の規制を及ぼすこととなった（同法8条、9条）。

なお、みなし利息に関しては、いわゆるコミットメントラインの手数料がみなし利息に該当する可能性があるとして、利息制限法との関係が問題とされていたが、平成11年に特定融資枠契約に関する法律が制定され、同法の「特定融資枠契約」に該当する契約に係る手数料については、利息制限法3条の規定が排除されている（詳細は、第3章第10節参照）。

(3) 出資法による規制

この法律は、高金利（利息だけでなく、遅延損害金も含む）を刑事罰をもって規制するものである。規制金利は二段構えである。業として貸付を行う場合とそうでない場合で異なる（金融機関の貸付は業として貸付を行う場合に当たると考えられる）。前者の上限は、昭和58年以降順次引き下げられ、平成18年改正以降、年20%（出資法5条2項）となっている。これに対して、後者は年109.5%（同条1項）である。

出資法に違反する高金利の利息や遅延損害金の契約を締結し、またはこれを受領もしくはその支払請求をしたときは、5年以下の懲役もしくは1,000万円以下の罰金（業として貸付を行う場合の利息・遅延損害金が年109.5%を超えるときは、10年以下の懲役もしくは3,000万円以下の罰金）に処せられ、またはこれを併科される（同法5条1項～3項）。そのほか、みなし利息や保証料の合算についても前述した利息制限法の規制と平仄を合わせた規制ぶりとなっている（出資法5条の2～5条の4）。

なお、特定融資枠契約（いわゆるコミットメントライン）の手数料については、利息制限法3条とともに、出資法5条の4第4項の規定は適用されないこととされている（特定融資枠契約に関する法律3条）。

5　大口信用供与規制

⑴　大口信用供与規制の背景

大口信用供与規制とは「銀行や銀行グループが貸出、債務保証、出資などの信用の供与を、ある特定の企業や企業グループに集中して行うのを防止するための措置」であり「法令により、相手先を企業や企業グループの区分に応じて銀行の自己資本等に対する一定比率を設けて、その枠の範囲内で信用を供与するように規制」するものである（小山嘉昭『銀行法精義〔全訂版〕』256頁）。

大口信用供与の規制は、金融機関の融資等の資産を分散することによりリスクの集中を回避して金融機関経営の危険の分散を図り、他方で多くの企業や個人に融資することにより、資金の適正配分を行うことを目的とするものである。

⑵　大口信用供与規制の内容

a　規制の根拠法規

銀行法13条は、同一人に対する信用の供与等を規制している（「銀行の同一人に対する信用の供与等の額は、政令で定める区分ごとに、当該銀行の自己資本の額に政令で定める率を乗じて得た額（「信用供与等限度額」）を超えてはならない」同条１項本文）が、その具体的内容は、銀行法施行令４条、銀行法施行規則14条以下に定められている。なお、信用金庫・信用組合についても銀行法13条を準用し同種の規制を設けている（信用金庫法89条、協同組合による金融事業に関する法律６条）。

b　規制の対象となる与信（「信用の供与等」）

規制の対象は「信用の供与等」であり、貸出金、債務の保証、出資、およびこれに類するものとしてそれぞれ銀行法施行規則14条で定めるものがこれに当たる（銀行法施行令４条６項）。

c　信用供与規制の対象となる者（「同一人」）

信用供与規制の対象は銀行の「同一人」に対する信用の供与等であり、「同一人」には当該同一人と政令で定める「特殊の関係のある者」を含む。

「特殊の関係のある者」については銀行法施行令4条1項に規定されており、平成25年改正により、当該同一人自身の合算子法人等、合算関連法人等も含むこととされた。

d　規制比率

銀行の同一人に対する信用の供与等の額は「政令で定める区分」ごとに当該銀行の自己資本の額に「政令で定める率」を乗じて得た額（信用供与等限度額）を超えてはならない。「区分」として銀行法施行令4条7項・8項は①同一人に対する信用の供与等、②当該銀行の主要株主基準値以上の数の議決権を保有する銀行主要株主に対する信用の供与等の二つの区分を定め、「率」として前者につき25％、後者につき15％の比率を定めている。平成25年改正前は、①同一人に対する信用の供与等と②同一人自身に対する信用の供与等を分け、銀行主要株主についても③（当該株主を同一人自身とする場合の）同一人に対する信用の供与等と④同一人自身（当該株主）に対する信用の供与等を分け、計四つの区分を設けていたが、改正により上記二つの区分となった。①の区分において40％とされていた比率が改正法においては25％に引き下げられていることに留意が必要である。なお、主要株主基準値とは原則として総株主の議決権の数の20％である（銀行法2条9項）。

e　自己資本

基準となる自己資本の額は、銀行法14条の2第1号に掲げる基準に従い算出される自己資本の額について、金融庁長官が定めるところにより必要な調整を加えた額である（銀行法施行規則14条の2第2項）。

f　与信者の範囲

信用供与規制における与信者の範囲も、銀行単体ではなく、銀行グループ全体で考えなくてはならない。すなわち、「銀行が子会社その他の当該銀行と内閣府令で定める特殊の関係のある者（「子会社等」）を有する場合には、当該銀行及び当該子会社等又は当該子会社等の同一人に対する信用の供与等の額は、政令で定める区分ごとに、合算して、当該銀行及び当該子会社等の自己資本の純合計額に政令で定める率を乗じて得た額（「合算信用供与等限度額」）を超えてはならない」（銀行法13条2項、銀行法施行令4条10項・11

項)。特殊の関係のある者とは、当該銀行の子法人等、関連法人等である(銀行法施行規則14条の4、銀行法施行令4条の2第2項・3項)。

g　適用除外

信用供与規制において「国及び地方公共団体に対する信用の供与、政府が元本の返済及び利息の支払について保証している信用の供与その他これらに準ずるものとして政令で定める信用の供与等」「信用の供与等を行う銀行又はその子会社等と実質的に同一と認められる者に対する信用の供与等その他の政令で定める信用の供与等」については、適用されない(銀行法13条3項、銀行法施行令4条13項)。また、銀行法13条1項但書でも「信用の供与等を受けている者が合併をし、共同新設分割若しくは吸収分割をし、又は事業を譲り受けたことにより銀行の同一人に対する信用の供与等の額が信用供与等限度額を超えることとなる場合その他政令〔筆者注:同法施行令4条9項〕で定めるやむを得ない理由がある場合において、内閣総理大臣の承認を受けたときは、この限りでない」とされている。

h　銀行持株会社

銀行持株会社も信用供与規制の名宛人になっており、銀行持株会社グループとその傘下にある銀行グループとは、それぞれ独立して大口信用供与規制が課せられる。すなわち、銀行持株会社グループとしての合算大口信用供与規制(銀行法52条の22)と銀行グループとしての大口信用供与規制の双方の範囲内であることが必要である。

6　金融犯罪

(1)(特別)背任罪

金融機関の役職員が犯しやすい犯罪として、背任罪、特別背任罪がある。具体的事例としては、たとえば回収困難が予想されることを承知のうえで貸付を行い、結果として貸付金を回収できないような場合があげられる(最判平21.11.9金融法務事情1896号71頁参照)。背任罪は刑法247条で規定されており、同条によれば、他人のためにその事務を処理する者が、自己もしくは第三者の利益を図りまたは本人に損害を加える目的で、その任務に背く行為をし、本人に財産上の損害を加えたときに、５年以下の懲役または50万円以下の罰金に処せられる。特別背任罪は会社法960条に規定されており、会社法上特別の身分ある者（金融機関の場合取締役等のほか、本部の部長・支店長等融資・投資等のなんらかの事項に関する決定権を有する者）が背任罪に該当する行為をし、会社に損害を与えたときに、10年以下の懲役もしくは1,000万円以下の罰金に処せられまたはこれらが併科される。

任務違背（任務に背く行為）の要件については、現在の多数説である背信説によれば、誠実な事務処理者としてなすべきものと法的に期待されるところに反する行為をいう。一般的には、個々の事務内容、事務処理者の地位や権限、行為当時の状況等を勘案して任務違背の有無が判断されるところ、上記のような貸付との関係でいえば、少なくとも内部の諸手続に従って対応をしていれば、金融機関（本人）との関係で、法的な期待に反した行為には当たらないものと考えられ、通常はこの要件を満たさないものと考えられる。もっとも、形式的には諸手続を遵守していても実質的には諸手続を潜脱しているような場合は別と考えられる。

図利加害目的については、融資取引との関係で問題となる典型的な例としては、回収見込みのない不正融資を通じてリベートをもらうことなどがあげられる。この例においては、自らの利益を図ることを積極的な目的としているため、素直に図利目的を認めることができる。もっとも、最高裁昭和63年11月21日決定（刑集42巻９号1251頁）は、図利加害目的について、上記典型例のような意欲ないし積極的認容までは不要と考えている。本人たる金融機関の図利目的も含まれる（併存する）場合には、どのように考えるべきなのか、条文上は明らかではないが、事例判決ではあるものの本人たる金融機関への図利目的があったとしても、それが決定的なものでなく、第三者に対する図利目的がある場合には、図利加害目的の要件を満たす可能性があることを示しているものと考えられる判例もある（最判平10.11.25刑集52巻８号570頁）。

なお、前掲最高裁昭和63年11月21日決定では、顧客に対して過振りをしていた銀行支店長が、回収不能のおそれが生じた後にも、実態が本部に発覚し自己の面目が失墜することを防止するために、これを継続した事案につき、背任罪を肯定している。図利加害目的は犯罪の動機としても位置づけられるものであることからすれば、図ろうとする利益の内容を財産上の利益に限定する必然性はなく、同決定が示すように、身分上の利益も含むものと考えられる。

(2) 浮貸し等

浮貸し等とは、金融機関の役職員が、その地位を利用して、自己または当該金融機関以外の第三者の利益を図るため、金銭の貸付、金銭の貸借の媒介または債務の保証をすることである。出資法3条がこれを禁止しており、違反した場合には、3年以下の懲役もしくは300万円以下の罰金に処せられ、またはこれらが併科される（同法8条3項1号)。浮貸し等禁止の趣旨は「そのような行為が、当該金融機関の信用を失墜させ、ひいては一般預金者大衆に不慮の損害を被らせるおそれがあるため、これを取り締まろうとする点にある」とされる（最決平11.7.6金融法務事情1562号91頁)。

浮貸し等の構成要件は、金融機関の役職員が「その地位を利用」し、「自己又は当該金融機関以外の第三者の利益を図るため」「金銭の貸付け、金銭の貸借の媒介又は債務の保証」をすることである。

地位の利用については「金融機関の役職員なるが故に特に便宜且つ有利な立場を利用し、当該金融機関の業務の遂行としてではないがしかも当該金融機関の業務の遂行とまぎらわしいような仕方で、自己の責任と計算とにおいてある行為をすること」と考えられている（田宮重男「出資の受入れ、預り金及び金利等の取締りに関する法律の解説」金融法務事情39号4頁)。前掲最高裁平成11年7月6日決定も「業務の遂行としてではなく、自己の責任と計算において行うものであることを要する」とし、同様の見解に立っていると考えられる。具体的な事例としては、金融機関から貸付を受けようと申し込んできた者に対し、当該金融機関ではなく自己個人の金銭を貸し付けること（金銭の貸付)、金融機関に預金に来た者に有利な貸付先があるとして適当な借受先を紹介すること（金銭の貸借の媒介)、自己個人としての債務の保証であるにもかかわらず、金融機関の役職員の肩書を利用し、あたかも当該金融機関の保証があったのとまぎらわしい外形的行為をすること（債務の保証）などが考えられている。

目的については、自己の利益を図るためと第三者の利益を図るためとがある。自己の利益としては、行為者自身が利息、媒介手数料、保証料等を得る目的が考えられ、第三者の利益としては、融資先に融資の利益を得させることなどである。利益は財産上の利益に限定されるものではなく、有価証券取引についてのインサイダー情報の提供を受けることや、他企業に有利な地位で受け入れられる、金融機関内での自己の地位の保全や向上を図るなど、背任罪同様に身分上の利益も含むものと考えられる。

なお、具体的事例において、問題となる浮貸し等が刑法上の業務上横領罪や背任罪に該当する場合には、本罪は適用されない（出資法８条４項）ことに留意が必要である。

裁判例としては、高松高裁昭和28年２月16日判決（高刑集６巻４号355頁）、仙台高裁昭和28年４月10日判決（高刑集６巻３号319頁）、東京高裁昭和29年５月31日判決（高検速報411号）、札幌高裁昭和30年９月13日判決（高刑集８巻６号891頁）、最高裁昭和45年11月10日判決（刑集24巻12号1535頁）の後、平成６年の大手都市銀行の元支店長の事件（前掲最決平11．７．６）の一審東京地裁判決までは見当たらないようである。

この事件は、都市銀行の支店長が支店の顧客らに対して、ノンバンク等から借入をしたうえ、その借入金をもって、いわゆる仕手筋と目される者が支配する会社等に、高い担保掛け目を用いたり、無担保で巨額の融資をするよう勧誘するなどして、顧客らとこれらの会社等との間で金銭消費貸借契約を成立させたことが、融資の媒介に当たるとして立件されたものである。本件では、元支店長の行為が銀行の業務であったかが問題になったが、最高裁は「本件融資の媒介は、銀行業務の遂行としてではなく、自己の責任と計算において行われたものということができるから、出資法３条の禁止する行為に該当する」とした。

⑶　融資による犯罪の幇助（共犯）

⑴⑵のような場合のほか、融資が犯罪行為の幇助となることも考えられ

る。

大阪高裁平成７年７月７日判決（判例時報1563号147頁）は、金融機関の支店長による融資が犯罪として罰せられた事例としてあげられる。この事件は、金融機関の支店長が個室付浴場に融資した行為が、売春防止法13条の定める、情を知ったうえでの売春に要する資金の提供に該当するとしたものである。本罪は、刑法62条でいうところの幇助犯としてではなく、特別法として処罰を可能とするものであるが、このような特別規定がないとしても、刑法62条の要件を満たす限り、融資が犯罪の幇助に当たるとして、当該融資に関与した者が処罰されることは考えられる。

(4)　導入預金

a　導入預金の意義と実態

導入預金というのは、信用力のない者が金融機関から借入をしたいときに、資金力のある者に預金をしてもらい、その見返りに金融機関に融資等をしてもらうことをいう。このようなことは、戦後、特に昭和20～30年代に、借入を受けにくかった頃に行われた。そのために、昭和32年５月27日、「預金等に係る不当契約の取締に関する法律」が制定され、昭和32年７月１日から施行された。

導入預金を禁止するのは、本来金融機関から借入ができないような先が不当な預金協力のお陰で借入することができることになってしまうからである。金融機関からの借入はあくまでも借主が自分の実力で行うものであり、第三者の単なる預金協力のお陰で借入をできるというのでは不合理である。また、金融機関もその預金を担保にしているわけではないので、不良融資の増加原因にもなる。

導入預金をする者の側からみると、金融機関の預金金利のほかに裏利をもらうのであるからリスクなしに高金利を受け取ることになる。実務上は、預金者が直接預金するのではなく導入屋が仲介するケースが多いようである。

b　導入預金の成立要件

導入預金の構成要件は四つある（預金等に係る不当契約の取締に関する法律２条、３条）。第一の要件は、預金者がその預金に関して特別の金銭上の利益を得る目的をもっているということである。図利目的があれば犯罪は成立しうるのであって、現実に利益を受ける必要はない。通常、借主から預金者に対して裏利が支払われているが、法律上は、裏利に限定はされない。

第二の要件は、預金者と借主の間に意思の連絡があることである。先に述べたように、預金者と借主の間に導入屋が介在するケースが多い。

第三の要件は、預金者がこの預金を担保に入れないということである。これが最も重要な要件である。預金を担保に入れるのであれば、預金者はリスクを負うので、担保提供料をとるのは当然のことである。金融機関も預金を担保にとるのであればリスクはない。融資が不良債権化する心配もない。実務上問題になるのは、預金者が預金を担保には差し入れないが保証はするというケースである。この場合、預金を引き出されてしまうと無担保ということになってしまう。預金の引出しを請求された場合、保証してもらっているから引出しに応じないというわけにはいかない。借主が期限の利益を失って相殺されうる状態にあれば相殺することも考えられるのであるが、そうでなければ引出しに応ぜざるをえなくなってしまう。したがって、あくまでも担保提供を求めるべきなのである。

第四の要件は、金融機関が預金者の指定する特定の第三者に融資をしたり、その者のために保証をしたりすることである。これも、現実に融資や保証をする必要はなく、その約束をするだけで犯罪の構成要件を充足するのである。万一、導入預金である可能性が高いことに気づいた場合は、第一に、その預金を担保にとれないか検討すること、第二に、預金者から保証をとれないか検討すること、第三に、融資先等から担保や保証をとって融資金の債権保全に努めることが必要である。

7　独占禁止法違反

(1)　金融機関と独占禁止法

独占禁止法では「私的独占」「不当な取引制限」「不公正な取引方法」が禁止され、そのほか企業結合規制や事業者団体に関する規制が置かれているが、金融機関においてよく問題となるのは「不公正な取引方法」である。特にその一類型である優越的地位の濫用が問題となりやすく、近時の例としては、銀行の金利スワップ販売について優越的地位の濫用が認められ、公正取引委員会によって排除措置命令が出されたものがあげられる（公正取引委員会平成17年12月26日勧告審決）。優越的地位の濫用は、独占禁止法とは別に銀行法においても規制の対象とされており（同法13条の３第４号、同法施行規則14条の11の３第３号）、個々の金融取引において特に注意しなければならない規制の一つと考えられるため、これについて詳しく解説する。また、同様に銀行法上も規制されている企業結合規制について概要を説明する。

なお、令和５年３月31日、グリーン社会の実現に向けた事業者等の取組みに関して「グリーン社会の実現に向けた事業者等の活動に関する独占禁止法上の考え方」が策定されている（最終改定令和６年４月24日）。広範な独占禁止法の論点を対象とし具体例を多数紹介しているため、金融に焦点を当てた内容ではないものの、参考になる。

⑵　優越的地位の濫用

ａ　規制の概要

優越的地位の濫用とは、独占禁止法上の「不公正な取引方法」の一類型として違法とされている行為であり、自己の取引上の地位が相手方に優越していることを利用して、正常な商慣習に照らして不当に、独占禁止法２条９項５号イ～ハおよび６号ホ・一般指定13号に該当する行為をする場合をいう（同法２条９項５号列挙の行為類型は従前は一般指定に規定されていたが、平成21年の改正により同法の条文自体に規定された）。具体的な事例としては、たとえば銀行が融資先企業に対して要請に応じなければ融資等に関して通常の条件よりも不利な取扱いをする旨明示ないし示唆したうえで金融商品の購入をさせる場合、銀行が取引先企業に対し融資するにあたって貸出金利が定期預金の金利よりも高いにもかかわらず融資金を定期預金として受け入れて担保権を設定させる場合、銀行が融資先企業の役員等の選任に干渉する場合などにおいて問題となる。

この優越的地位の濫用については、平成22年11月30日に公正取引委員会から「優越的地位の濫用に関する独占禁止法上の考え方」（以下「ガイドライン」という。それまで公表されてきた特定の業種等を対象としたものではなく、業種横断的なガイドラインとなっている）が公表され、実務上参考となる。以下ではこれを中心に、これまで問題となった裁判例および審決例を含めて説明する。

銀行が優越的地位の濫用に当たる行為を行った場合は「不公正な取引方法」を用いることを禁止する独占禁止法19条の規定に違反することになり、同法20条の排除措置命令の対象となる。

なお、平成21年改正により、独占禁止法２条９項５号のうち一定の条件を満たすものについては、公正取引委員会は課徴金の納付を命じなければならないものとされている（同法20条の６）ことに留意が必要である。

b　規制の趣旨

ガイドラインによれば、優越的地位の濫用は「取引の相手方の自由かつ自主的な判断による取引を阻害するとともに、当該取引の相手方はその競争者との関係において競争上不利となる一方で、行為者はその競争者との関係において競争上有利となるおそれがあ」り、「このような行為は、公正な競争を阻害するおそれがある」ことから、独占禁止法による規制の対象となっているとされている。

c　要　　件

(a)　総　　説

優越的地位の濫用の要件としては、以下の三つがあげられる。

① 「自己の取引上の地位が相手方に優越していることを利用して」（地位の優越性）

② 「正常な商慣習に照らして不当に」（公正競争阻害性）

③ 独占禁止法２条９項５号各事由または同項６号ホ・公正取引委員会の指定事由（一般指定13号）に該当する行為を行うこと（濫用行為）

(b)　地位の優越性

ガイドラインによれば「取引の一方当事者（甲）が他方の当事者（乙）に対し、取引上の地位が優越しているというためには、市場支配的な地位又はそれに準ずる絶対的に優越した地位である必要はなく、取引の相手方との関係で相対的に優越した地位であれば足りると解される。甲が取引先である乙に対して優越した地位にあるとは、乙にとって甲との取引の継続〔筆者注：新たに継続して取引しようとする場合も含む。独占禁止法2条9項5号イ参照〕が困難になることが事業経営上大きな支障をきたすため、甲が乙にとって著しく不利益な要請等を行っても、乙がこれを受け入れざるを得ないような場合である」とされている。この判断にあたっては、①乙の甲に対する依存度、②甲の市場における地位、③乙にとっての取引先変更の可能性、④その他甲と取引することの必要性を示す具体的事実が総合的に考慮される。なおあくまでも総合的に考慮して判断されることになるため、たとえばメガバンクの事業規模の大きさや金融市場における地位の高さのみをもって、優越的地位が認められることになるものではない。

ガイドラインが公表される以前ではあるものの、近時の事例としては、金融商品購入要請事案に関する東京地裁平成18年8月2日判決（金融法務事情1795号60頁）が、顧客は取引銀行以外に「複数の金融機関を選択でき」、当該取引銀行への「依存度は高くなかった」ことを一つの理由としてあげ、結論として優越的地位の濫用を否定している。また、前掲公正取引委員会平成17年12月26日勧告審決が、金融商品購入要請事案につき、取引先企業は、主として当該取引「銀行からの借入れによって資金需要を充足している」こと、当該取引「銀行からの借入れについて、直ちに他の金融機関から借り替えることが困難である」こと、当該取引「銀行以外の金融機関からの融資等によって資金手当てをすることが困難」であることなどを一つの事情としてあげ、結論として優越的地位の濫用を肯定している。このように、裁判例や審決例においても、取引依存度や資金調達における取引先（金融機関）変更の可能性が地位の優越性を検討するうえでの判断基準となっているものと考えられる。

なお、金融実務においては、多くの場合において金銭の貸借関係が伴う以上、金融機関に事実上の地位の優越性があることは多いと思われる。そういう意味で、金融機関としては、地位の優越性が認められる場合が多いことをふまえて対応する必要があるものと考えられる。

(c) **「正常な商慣習に照らして不当に」(公正競争阻害性)**

「正常な商慣習に照らして不当に」とは、優越的地位の濫用の有無が、公正な競争秩序の維持・促進の観点から個別の事案ごとに判断されることを示すものであるとされる(菅久修一編『独占禁止法』174頁)。

ガイドラインによれば「正常な商慣習」とは「公正な競争秩序の維持・促進の立場から是認されるものをい」い、「現に存在する商慣習に合致しているからといって、直ちにその行為が正当化されることにはならない」とされている。また、どのような場合に公正競争阻害性が認められるかについて「問題となる不利益の程度、行為の広がり等を考慮して、個別の事案ごとに判断」され、「例えば、①多数の取引の相手方に対して組織的に不利益を与える場合、②特定の取引の相手方に対してしか不利益を与えていないときであっても、その不利益の程度が強い、又は、その行為を放置すれば他に波及するおそれがある場合には公正な競争を阻害するおそれがあると認められやすい」とされている。

(d) **濫用行為**

実際の取引関係において、一方当事者に地位の優越性があること自体はよくみられる現象であるが、違法とされるのは、あくまでもこれを不当に利用することによって対等な取引関係ではありえないような取引条件や不利益な行為等を強制する場合である。ガイドラインでは、独占禁止法2条9項5号に列挙される各行為類型ごとに濫用行為に該当する基準を示しているが、金融取引上特に留意が必要となる購入・利用強制については、(優越的地位にある事業者が)「取引の相手方に対し、当該取引に係る商品又は役務以外の商品又は役務の購入を要請する場合であって、当該取引の相手方が、それが事業遂行上必要としない商品若しくは役務であり、又はその購入を希望していないときであったとしても、今後の取引に与える影響を懸念して、当該要請を受け入れざるを得ない場合には、正常な商慣習に照らして不当に不利益を与えることとなり、優越的地位の濫用として問題となる」とされている。

購入・利用強制に関する近時の事例として、前掲公正取引委員会平成17年12月26日勧告審決は、銀行が融資先に対して金利スワップの購入を提案し、それに応じない場合に、融資担当者に管理職を帯同させて重ねて要請し、購入が融資の条件である旨、または購入しなければ通常の融資条件よりも不利な取扱いをする旨示唆したものとの事実認定を経たうえで、銀行が「融資先事業者に金利スワップの購入を余儀なくさせる行為を行っている」として、結論として優越的地位の濫用に該当するものとしている。

このように、個々の取引における具体的な強制の有無や程度が濫用行為の有無を判断するうえで重要な基準になると考えられる。

d 「金融機関と企業との取引慣行に関する調査報告書」

金融をめぐる環境の大きな変化、金融ビッグバンによる規制緩和等により、金融取引の実態は大きく変化している。こうした状況を考慮して、公正取引委員会は、金融機関の融資先企業に対するアンケートとヒアリング調査に基づき、平成13年に独占禁止法上の考え方を取りまとめて公表した（平成13年７月４日付「金融機関と企業との取引慣行に関する調査報告書」）。同報告書では「金融機関が融資先企業に対し各種の要請を行った場合、要請を受けた企業は要請に応じることを希望しないものであっても、今後の融資等への影響を懸念して要請に応じることがあり、優越的地位の濫用として独占禁止法上の問題を生じやすい」とされ、調査結果をふまえて、金融機関から融資先企業へ行う要請についての独占禁止法上の考え方の整理が示された。

この調査報告書については、その後フォローアップ調査が２度実施され、１度目のフォローアップ調査に関する平成18年６月調査報告書では、依然として金融機関と借り手企業との取引においては独占禁止法上の問題が生じやすい状況があり、金融機関側のさらなる改善への取組みが求められるとし、金融機関が融資先企業に対して行う要請についての独占禁止法上の考え方が重ねて示された。２度目のフォローアップ調査に関する平成23年調査報告書では、金融機関における独占禁止法関係のコンプライアンスの取組みの進捗により、金融機関から各種要請を受けたことがあるという融資先企業の回答の割合および各種要請に対し自らの意思に反して応じたという融資先企業の回答の割合が平成18年調査に比べて相当程度減少したものの、融資先企業による取引先の変更が容易な状況にあるとはいえず、依然として独占禁止法上の問題が生じないよう注意を要する状況であるとされている。

なお、金融機関業務の規制緩和に伴う独占禁止法上の弊害防止の指針として「金融機関の業態区分の緩和及び業務範囲の拡大に伴う不公正な取引方法について」も公表されている（平成16年12月）。

e　実務上の留意点

これらをふまえると、実務上以下の点に留意すべきものと考えられる。まず、取引の手続面として、（金融取引においては取引先企業とすでに融資契約が存在することが多いため）融資先における新たな金融商品の購入等については、融資契約とはまったくの別物であることを示すことが考えられる。これらは金融商品購入要請の事例に限らない。

次に、取引の内容面についても、取引先企業の意向に反するような商品購入要請や人事干渉は当然避けるべきであり、金融商品購入についてはニーズ外のものは金融商品取引法上の適合性原則の観点からも法的に問題があるし、人事干渉についてもあくまで債権保全の観点からのモニタリングが目的であることから必要最低限の範囲にとどめることが求められる。審決例（公正取引委員会昭和28年11月6日勧告審決、昭和32年6月3日勧告審決）においては、自主性を損なう場合には濫用行為に該当すると判断されており、それも参考になる。

⑶　企業結合に関する規制

a　金融機関の役員の兼任

役員の兼任については、間接的な規定として会社法356条、365条（競業避止義務、取締役・会社間の取引、利益相反取引）も関係があるが、直接的な規定としては、同法335条が「監査役は、株式会社若しくはその子会社の取締役若しくは支配人その他の使用人又は当該子会社の会計参与若しくは執行役を兼ねることができない」旨定めている。監査役が取締役等業務執行側を兼ねることができないのは、その業務執行を監査する立場から当然のことである。また、ガバナンスとは異なる観点から、独占禁止法13条は「会社の役員又は従業員は、他の会社の役員の地位を兼ねることにより一定の取引分野における競争を実質的に制限することとなる場合には、当該役員の地位を兼ねてはならない」(同条１項) 旨、また「会社は、不公正な取引方法により、自己と国内において競争関係にある他の会社に対し、自己の役員がその会社の役員若しくは従業員の地位を兼ね、又は自己の従業員がその会社の役員の地位を兼ねることを認めるべきことを強制してはならない」(同条２項) 旨を定めている。

さらに、これら一般的な規定のほか、銀行法７条では「銀行の常務に従事する取締役 (委員会設置会社にあっては、執行役) は、内閣総理大臣の認可を受けなければ他の会社の常務に従事してはならない」旨を定めている。なお、この「常務」というのは、「常務取締役」という意味ではない。

b　合併、会社分割、共同株式移転、事業の譲受け等の規制

独占禁止法は、15条で合併の規制、15条の２で会社分割の規制、15条の３で共同株式移転の規制、16条で事業の譲受け等の規制について定めている。規制の内容は、①当該合併等によって一定の取引分野における競争を実質的に制限することとなる場合、あるいは、当該合併等が不公正な取引方法によるものである場合の合併等の禁止、②一定の場合の事前届出と届出受理の日から30日を経過するまでの合併等の禁止である。

c　持株規制

株式の取得・所有についても合併等と同様の規制があり、当該株式の取得・所有によって一定の取引分野における競争を実質的に制限することとなる場合や、当該株式の取得・所有が不公正な取引方法によるものである場合には、株式の取得・所有が禁止される。また一定の場合には事前届出が必要となり、届出受理の日から30日を経過するまでの株式取得が禁止されている (独占禁止法10条)。

そして、銀行の場合には、以下のとおり一般の会社よりも厳しい規制が課されている (独占禁止法11条)。

銀行業を営む会社は、他の国内の会社の議決権を総株主の議決権の５％を超えて取得または保有してはならない。ただし、あらかじめ公正取引委員会の認可を受けた場合や、①担保権の行使等により取得または保有する場合、②発行会社の自己株式の取得により議決権の比率が上昇する場合、③信託財

産として取得または保有する株式により議決権を取得または保有する場合、④一定の組合の組合財産として取得または保有する株式により議決権を取得または保有する場合、⑤発行会社の事業活動を拘束するおそれがないとして公正取引委員会規則で定める場合等（独占禁止法11条１項１号～６号）は例外的に取得または保有が認められる。

①～⑤により、５％超の議決権保有が認められる場合でも、１年を超えて保有するときは、原則としてあらかじめ公正取引委員会の認可を受けなければならず、認可する場合には原則としてすみやかな処分を条件としなければならない。さらに公正取引委員会がこれらの認可を行う場合には、内閣総理大臣（金融庁長官に委任）と協議しなければならない。

認可条件等については、平成14年11月12日に公正取引委員会より「独占禁止法第11条の規定による銀行又は保険会社の議決権の保有等の認可についての考え方」「債務の株式化に係る独占禁止法第11条の規定による認可の考え方」等のガイドラインが公表されている（最終改定令和４年11月１日）。

金融機関が合併する場合は、合併によって新金融機関の議決権比率が５％を超えることが生じやすいので、留意すべきである。合併に伴って５％超の議決権を保有することとなる場合の認可に関する公正取引委員会の考え方については、前掲「独占禁止法第11条の規定による銀行又は保険会社の議決権の保有等の認可についての考え方」に示されている。

なお、持株規制については、銀行法においても、独占禁止法とは別の観点（銀行経営の健全性確保等）から、銀行および銀行持株会社の議決権の取得・保有制限（各々５％、15％）が定められている（銀行法16条の４、52条の24）。

第2節　融資取引約款

1　銀行取引約定書

(1)　はじめに

銀行取引約定書は銀行と取引先との間の与信取引の基本約定書である。また、手形貸付や手形割引などの手形取引や電子記録債権割引の基本約定書でもある。

かつて、銀行は全国銀行協会連合会（現全国銀行協会）が制定した「銀行取引約定書ひな型」を統一的に採用し、他の金融機関、すなわち信用金庫・信用組合・農業協同組合等においてもそれぞれ取引約定書のひな型を採用していた。「銀行取引約定書ひな型」は、昭和35年4月に全国銀行協会連合会がその法規部会で検討した結果をまとめて試案を発表し、昭和37年8月に「ひな型」として発表したものである。その後昭和52年に一部改正されている（①逆相殺規定の新設、②期限の利益喪失条項の修正）。

平成12年4月、全国銀行協会は「各銀行の自己責任に基づく創意工夫の発揮」と「顧客のより自由な選択を可能」とすべく、銀行取引約定書ひな型を廃止した。銀行取引約定書は、それまで債務者が金融機関に提出する「差入方式」が採用されていたが、ひな型廃止に伴い、契約当事者である金融機関と債務者が対等の立場で契約締結すべきであるとの考えから、双方署名方式に改められ、また、あわせて時代に即した内容に条項が改定されるとともに、内容もわかりやすく改められた。現在の銀行取引約定書においては、旧ひな型を基本としつつも、上記のような考えから、金融機関ごとに内容が定められている。その後も、反社会的勢力との関係遮断に向けた条項の追加や電子記録債権に係る取引を規定する条項の追加などの改正が行われているが、以下では一般に採用されていると思われる内容をもとに解説する。

a　銀行取引約定書は与信取引の基本約定書である

金融機関は多数の取引先と与信取引を行っているが、与信取引の多くは定型的な取引である。定型的取引にもかかわらず、取引先ごとに取引契約の内容を協議して合意していたのでは多くの手数や時間を必要とするし、間違いも起こりやすい。そこで、銀行取引では金融機関側が作成した取引約款を使用して取引を行っている。

一方、個別の取引については個別の事情がそれぞれにある。銀行取引約定書の適用や運用にあたっては、原則として一律に適用するのではあるが、特別の事情がある場合については弾力的な運用も図り、具体的に妥当な結論を目指すよう心がける必要がある。なお、銀行取引約定書を用いる与信取引は、個々の取引先に対する与信判断に基づくものであり、相手方の個性に着目して行われる取引である点等から、銀行取引約定書は民法の定める「定型約款」（民法548条の２～548条の４）には該当しないという考え方が有力である。

b　銀行取引約定書は金融機関の経験や工夫が反映されたものである

金融機関は長い取引経験から、民法等の法規では不都合が生じることがあり、それを克服する手法を工夫し、商慣習法や商慣習に反映させてきた。たとえば根抵当権などもその一つであるが、これは民法の改正で成文法に取り込まれた。

他の例としては、相殺と差押えとの対抗関係、債権者の担保保存義務（民法504条）などで、金融機関は苦い経験をしてきた。その反省から、後日の紛争や疑義を回避するために当事者間で特約を締結することとした。これが相殺特約や担保保存義務免除特約である。銀行取引約定書はこのような商慣習法や商慣習を明示する機能もある。金融機関はこれらの特約を適切に活用するよう心がける必要がある。

c　銀行取引約定書は一方的に金融機関に有利、取引先に不利な内容とはなっていない。金融機関はこれを取引先に無理に押しつけているわけではない

銀行取引約定書は金融機関に一方的に有利にできているといった主張を聞くことがあるが、そのようなことはないといえる。

まず、銀行取引約定書はそのひな型の試案の段階で学者・法務省・学識経験者や諸方面の意見を広く聞き、また判例の動向も検討してこれらを反映して制定したものである。さらに、昭和52年の改正についても、社会全般の意見を取り入れている。その内容は公正なものであるといえる。また、現在の銀行取引約定書においては、対等の立場での契約であることを明確にすべく、双方署名方式となっており、内容も多く改められている。文章も平易に改められており、金融機関と取引を開始するにあたっては、取引先にも内容を熟読してもらい、不明な点は金融機関職員に確認する等して、納得したうえで締結してもらうべきである。

とはいえ、付合契約（金融機関であらかじめ制定しているという意味）であるから、その運用については合理的な限度に制限されるとの意見があることも事実である。約款の内容が明白でないときは、その約款を作成した金融機関に制限的に解釈するという「作成者不利の原則」がある。また、金融機関に有利な規定の内容が明白でないときには作成者である金融機関に不利に解釈するという「制限的解釈の原則」もある。金融機関としては、約定書の運用に際しては、その濫用によって無用の紛議を招かないように留意することも必要である。

d　銀行取引約定書の内容は、基本約定書と手形約定書、電子記録債権の割引に関する基本的な約定書とで構成されている

まず、銀行取引約定書は、金融機関の与信取引全般に共通する基本約定書である。さらに、手形行為、電子記録債権割引についての約定を定めている。銀行取引では、銀行取引約定書以外に、個別の取引につき、それぞれ約定を定める。たとえば証書貸付では金銭消費貸借契約書を締結するし、支払承諾取引では保証委託約定書を締結する。これに対し、手形貸付や手形割引

書式１　銀行取引約定書

銀行取引約定書

○○○○（以下、甲という）と株式会社○○銀行（以下、乙という）とは、甲乙間の取引について、以下の条項につき合意しました。

第１条（適用範囲）

①甲および乙は、甲乙間の手形貸付、手形割引、電子記録債権貸付、電子記録債権割引、証書貸付、当座貸越、支払承諾（保証委託取引等）、外国為替、金融等デリバティブ取引、保証取引その他甲が乙に対して債務を負担することとなるいっさいの取引に関して本約定を適用します。

②甲が振出、裏書、引受、参加引受もしくは保証した手形または甲が電子記録債務者である電子記録債権を、乙が第三者との取引によって取得した場合についても本約定を適用します。
ただし、この場合には、第２条、６条、10条第４項および６項、14条の各条項は適用しません。

③甲乙間で別途本約定書の各条項と異なる合意を行った場合については、その合意が本約定書に該当する条項に優先するものとします。

第２条（手形または電子記録債権と借入金債務）

甲が乙より手形または電子記録債権によって貸付を受けた場合には、乙はその選択により、手形もしくは電子記録債権または貸金債権のいずれによっても請求することができます。

第２条の２（電子記録債権割引）

①電子記録債権の割引は、乙への譲渡記録がなされたことにより、その効力が生じるものとします。

②この割引金の支払日は、乙への譲渡記録がなされた後の別途甲乙間で合意する日とします。

第３条（利息、損害金等）

①甲乙間で定めた利息、割引料、保証料、手数料（以下、「利息等」という）、これらの戻しについての割合および支払の時期、方法の約定は、金融情勢の変化その他相当の事由がある場合には、一般に行われる程度のものに変更を請求することができるものとします。

②甲の財務状況の変化、担保価値の増減等により、乙の債権の保全状況に変動が生じた場合には、利息等の割合の変更についても前項と同様とします。

③別途書面にて固定金利による旨の約定をしている取引の場合には、前２項は適用されません。

④甲は、乙に対する債務を履行しなかった場合には、その支払うべき金額に対し年14%の割合の損害金を支払います。
ただし、利息、割引料、保証料については、損害金は付しません。この場合の計算方法は年365日の日割計算とします。

第4条（担保）

①担保価値の減少、甲またはその保証人の信用不安など乙の甲に対する債権保全を必要とする相当の事由が生じ、乙が相当期間を定めて請求した場合には、乙の承認する担保もしくは増担保を差し入れ、または保証人（電子記録保証人を含みます。）をたてもしくはこれを追加します。

②甲が乙に対する債務の履行を怠った場合には、乙は、担保について、法定の手続も含めて、一般に適当と認められる方法、時期、価格等により乙において取立または処分のうえ、その取得金から諸費用を差し引いた残額を法定の順序にかかわらず甲の債務の弁済に充当できるものとし、なお残債務がある場合には甲は直ちに弁済します。甲の債務の弁済に充当後、なお取得金に余剰の生じた場合には、乙はこれを権利者に返還するものとします。

③甲が乙に対する債務を履行しなかった場合には、乙が占有している甲の動産、手形その他の有価証券（その名義で記録されている甲の振替株式、振替社債、その他の有価証券を含む。）は、乙において取立または処分することができるものとし、この場合もすべて前項に準じて取り扱うことに同意します。

④本条の担保には、留置権、先取特権などの法定担保権も含むものとします。

第5条（期限の利益の喪失）

①甲について次の各号の事由が一つでも生じた場合には、乙からの通知催告等がなくても、甲は乙に対するいっさいの債務について当然期限の利益を失い、直ちに債務を弁済します。

1．支払の停止または破産手続開始、民事再生手続開始、会社更生手続開始もしくは特別清算開始の申立があったとき。

2．手形交換所または電子債権記録機関の取引停止処分を受けたとき。

3．甲またはその保証人の預金その他乙に対する債権について仮差押、保全差押または差押の命令、通知が発送されたとき。
なお、保証人の乙に対する債権の差押等については、乙の承認する担保を差し入れる旨を甲が遅滞なく乙に書面にて通知したことにより、乙が従来通り期限の利益を認める場合には、乙は書面にてその旨を甲に通知するものとします。ただし、期限の利益を喪失したことに基づき既になされた乙の行為については、その効力を妨げないものとします。

4．行方不明となり、乙から甲に宛てた通知が届出の住所に到達しなくなったとき。

②甲について次の各号の事由が一つでも生じた場合には、乙からの請求によって、甲は、乙に対するいっさいの債務について期限の利益を失い、直ちに債務を弁済します。

なお、乙の請求に際し、乙に対する債務を全額支払うことにつき支障がない旨を甲が遅滞なく乙に書面にて通知したことにより、乙が従来通り期限の利益を認める場合には、乙は書面にてその旨を甲に通知するものとします。ただし、期限の利益を喪失したことに基づき既になされた乙の行為については、その効力を妨げないものとします。

1．甲が乙に対する債務の一部でも履行を遅滞したとき。

2．担保の目的物について差押、または競売手続の開始があったとき。

3．甲が乙との取引約定に違反したとき、あるいは第12条に基づく乙への報告または乙へ提出する財務状況を示す書類に重大な虚偽の内容がある等の事由が生じたとき。

4．乙に対する甲の保証人が前項または本項の各号の一つにでも該当したとき。

5．前各号に準じるような債権保全を必要とする相当の事由が生じたとき。

③前項の場合において、甲が住所変更の届出を怠る、あるいは甲が乙からの請求を受領しないなど甲の責めに帰すべき事由により、請求が延着しまたは到達しなかった場合は、通常到達すべき時に期限の利益が失われたものとします。

第6条（割引手形または割引電子記録債権の買戻し）

①甲が乙より手形または電子記録債権の割引を受けた場合、甲について前条第1項各号の事由が一つでも生じたときは全部の手形および電子記録債権について、甲は、乙から通知催告等がなくても当然手形面記載の金額または電子記録債権の債権額の買戻債務を負担し、直ちに弁済します。

また、手形の主債務者もしくは電子記録債権の債務者が期日に支払わなかったときまたは手形の主債務者もしくは電子記録債権の債務者について前条第1項各号の事由が一つでも生じたときは、その者が主債務者となっている手形またはその者が債務者となっている電子記録債権についても同様とします。

②割引手形または割引電子記録債権について乙の債権保全を必要とする相当の事由が生じた場合には、前項以外のときでも、甲は乙の請求によって手形面記載の金額または電子記録債権の債権額の買戻債務を負担し、直ちに弁済します。

なお、甲が住所変更の届出を怠る、あるいは甲が乙からの請求を受領しないなど甲の責めに帰すべき事由により、請求が延着しまたは到達しなかった場合は、通常到達すべき時に買戻債務を負担したものとします。

③甲が前２項による債務を履行するまでは、乙は手形所持人または電子記録債権の債権者としていっさいの権利を行使することができます。

④甲が第１項または第２項により割引電子記録債権の買戻債務を履行した場合には、乙は、遅滞なく、当該割引電子記録債権について甲を譲受人とする譲渡記録（保証記録を付さないものとします）を電子債権記録機関に対して請求し、または、乙を譲受人とする譲渡記録を削除する旨の変更記録を電子債権記録機関に対して請求するものとします。ただし、電子債権記録機関が電子記録の請求を制限する期間は、この限りではありません。

第７条（相殺、払戻充当）

①期限の到来、期限の利益の喪失、買戻債務の発生、求償債務の発生その他の事由によって、甲が乙に対する債務を履行しなければならない場合には、乙は、その債務と甲の預金その他乙に対する債権とを、その債権の期限のいかんにかかわらず、いつでも相殺することができるものとします。

②前項の相殺ができる場合には、乙は事前の通知および所定の手続を省略し、甲にかわり諸預け金の払戻しを受け、債務の弁済に充当することもできます。この場合、乙は甲に対して充当した結果を通知するものとします。

③前２項により乙が相殺または払戻充当を行う場合、債権債務の利息、割引料、清算金、損害金等の計算については、その期間を計算実行の日までとします。また、利率、料率等は甲乙間に別の定めがない場合には乙の定めによるものとし、外国為替相場については乙による計算実行時の相場を適用するものとします。

④弁済期にある甲の預金その他乙に対する債権と甲の乙に対する債務について、以下の場合を除き、甲はその債務の期限が未到来であっても相殺することができるものとします。なお、満期前の割引手形または支払期日前の割引電子記録債権について甲が相殺する場合には、甲は手形面記載の金額または電子記録債権の債権額の買戻債務を負担して相殺することができるものとします。

1．乙が他に再譲渡中の割引手形または割引電子記録債権に関する買戻債務を相殺する場合
2．弁済や相殺につき法令上の制約がある場合
3．甲乙間の期限前弁済についての約定に反する場合

⑤前項によって甲が相殺する場合には、相殺通知は書面によるものとし、相殺した預金その他の債権の証書、通帳は直ちに乙に提出します。

⑥甲が相殺した場合における債権債務の利息、割引料、清算金、損害金等の計算については、その期間を相殺通知の到達の日までとし、利率、料率等

は甲乙間の定めによるものとします。なお、外国為替相場については乙による計算実行時の相場を適用するものとします。この際、期限前弁済について繰上返済手数料など別途の手数料の定めがあるときは、その定めによるものとします。

第８条（手形の呈示、交付または電子記録債権の支払等記録等）

①甲の乙に対する債務に関して手形または電子記録債権が存する場合、乙が手形上の債権および電子記録債権によらないで第７条による相殺または払戻充当をするときは、乙は後日手形または電子記録債権を返還するものとします。ただし、満期前の手形については乙はそのまま取立をし、支払期日前の電子記録債権については乙はそのまま支払を受けることができます。

②第７条の相殺または払戻充当により、乙から返還をうける手形が存する場合に乙からその旨の通知があったときには、その手形は甲が乙まで遅滞なく受領に出向くこととします。

③乙が手形上の債権によって第７条の相殺または払戻充当をするときは、次の各場合に限り、手形の呈示または交付を要しません。なお、手形の受領については前項に準じます。

1．乙において甲の所在が明らかでないとき。
2．甲が手形の支払場所を乙にしているとき。
3．事変、災害等乙の責めに帰すことのできない事情によって、手形の送付が困難と認められるとき。
4．呈示しなければならない手形が取立その他の理由により、呈示、交付の省略がやむをえないと認められるとき。

④第７条の相殺または払戻充当の後、なお直ちに履行しなければならない甲の乙に対する債務が存する場合において、手形または電子記録債権に甲以外の債務者があるときは、乙はその手形または電子記録債権をとめおき、取立、支払を受けまたは処分したうえ、債務の弁済に充当することができるものとします。

⑤乙は、電子記録債権に関して第７条の相殺または払戻充当後、遅滞なく、当該電子記録債権について、支払等記録もしくは甲を譲渡人とする譲渡記録（保証記録を付さないものとします）または乙を譲受人とする譲渡記録を削除する旨の変更記録の請求を電子債権記録機関に対して行うものとします。ただし、電子債権記録機関が電子記録の請求を制限する期間は、この限りではありません。

⑥乙は、電子記録債権を甲に返還しなければならない場合であっても、電子記録名義人である限り、当該電子記録債権の債務者から支払を受けることができます。この場合において、乙がその取得金を保持する相当の理由があるときまたは乙が相当の期間内に甲にその取得金を支払ったときは、乙は甲に対してその取得金に関する利息、損害金等の支払義務を負わないも

のとします。

第９条（充当指定）

①甲または乙は、第７条による相殺または払戻充当により、甲の債務全額を消滅させるに足りないときは、適当と認める順序方法により充当指定することができます。

また、甲からの弁済により、甲の債務全額を消滅させるに足りないときは、甲は同様に充当を指定することができます。

この場合、甲または乙の一方が指定しなかったときは、他方は同様に充当を指定することができます。

②乙が前項により充当指定したときは、甲はその充当に対して異議を述べることができないものとします。

③甲が相殺したときの充当指定により乙の債権保全上支障が生じるおそれがあるときは、乙は遅滞なく異議を述べたうえで、担保、保証の有無、軽重、処分の難易、弁済期の長短、割引手形または割引電子記録債権の決済見込みなどを考慮して、乙の指定する順序方法により充当することができるものとします。

この場合、乙は甲に充当結果を通知するものとします。

④前３項によって乙が充当する場合には、甲の期限未到来の債務については期限が到来したものとして、また満期前の割引手形については買戻債務を、決済実施日前の割引電子記録債権については買戻債務を、支払承諾については事前の求償債務を甲が負担したものとして、乙はその順序方法を指定することができるものとします。

第10条（危険負担、免責条項等）

①甲が振出、裏書、引受、参加引受もしくは保証した手形もしくは甲が乙に差し入れた証書または甲が電子記録債務者である電子記録債権の電子記録が、事変、災害、輸送途中の事故等やむをえない事情によって紛失、滅失、損傷、消去または延着した場合には、甲は乙の帳簿、伝票等の記録に基づいて債務を弁済します。なお、乙が請求した場合には、甲は直ちに代り手形、証書を差し入れ、または、代りの電子記録債権について電子債権記録機関に対し、発生記録もしくは譲渡記録を請求するものとします。甲の差し入れた担保についても、同様とします。

②前項の場合に生じた損害については、乙の責めに帰すべき事由による場合を除き、甲の負担とします。

③万一手形要件の不備もしくは手形を無効にする記載によって手形上の権利が成立しない場合、電子記録債権の発生要件の不備により電子記録債権が成立しない場合、または権利保全手続の不備によって手形上の権利もしくは電子記録債権が消滅した場合でも、その手形または電子記録債権についての取引上の債務には、影響ないものとします。

④乙が、手形、証書、電子記録債権の電子記録請求に係る書面等の印影を、甲の届け出た印鑑と相当の注意をもって照合し、甲に相違ないと認めて取引したときは、手形、証書、印章について偽造、変造、盗用等の事故があってもこれによって生じた損害は甲の負担とし、手形もしくは証書の記載文言または電子記録債権の電子記録にしたがって責任を負います。

⑤乙が甲に対する権利の行使もしくは保全または担保の取立もしくは処分に要した費用、および甲が自己の権利を保全するために乙に協力を依頼した場合に要した費用は、甲の負担とします。

⑥乙が、甲のID、パスワード等の本人確認のための情報が乙に登録されたものと一致することを乙所定の方法により確認し、相違ないと認めて取扱いを行った場合は、それらが盗用、不正使用、その他の事故により使用者が甲本人でなかった場合でも、それによって生じた損害は甲の負担とし、甲は電子記録債権の電子記録にしたがって責任を負うものとします。

第11条（届出事項の変更）

①甲は、その印章、名称、商号、代表者、住所、その他乙に届け出た事項に変更があった場合には、直ちに書面により乙に届け出るものとします。

②甲が前項の届出を怠る、あるいは甲が乙からの請求を受領しないなど甲の責めに帰すべき事由により、乙が行った通知または送付した書類等が延着しまたは到達しなかった場合には、通常到達すべき時に到達したものとします。

第12条（報告および調査）

①甲は、貸借対照表、損益計算書等の甲の財務状況を示す書類の写しを、定期的に乙に提出するものとします。

②甲の財産、経営、業況等について乙から請求があったときは、甲は、遅滞なく報告し、また調査に必要な便益を提供するものとします。

③甲の財産、経営、業況等について重大な変化を生じたとき、または生じるおそれがあるときは、甲は乙に対して遅滞なく報告するものとします。

第13条（適用店舗）

甲および乙は、本約定書の各条項が、甲ならびに乙の本支店との間の諸取引に共通に適用されることを承認します。

第14条（準拠法、合意管轄）

①甲および乙は、本約定書ならびに本約定に基づく諸取引の契約準拠法を日本法とすることに合意します。

②甲および乙は、本約定に基づく諸取引に関して訴訟の必要を生じた場合には、乙の本店または乙の取引店の所在地を管轄する裁判所を管轄裁判所とすることに合意します。

第15条（約定の解約）

乙の甲に対する債権が弁済その他の事由により消滅したのち、甲または乙いずれか一方が書面により解約する旨を通知したときは、他方が受領後1ヵ月が経過した時に本約定は失効するものとします。

第16条（反社会的勢力の排除）

①甲は、甲またはその保証人が、現在、暴力団、暴力団員、暴力団員でなくなった時から5年を経過しない者、暴力団準構成員、暴力団関係企業、総会屋等、社会運動等標ぼうゴロまたは特殊知能暴力集団等、その他これらに準ずる者（以下これらを「暴力団員等」という。）に該当しないこと、および次の各号のいずれにも該当しないことを表明し、かつ将来にわたっても該当しないことを確約します。

1．暴力団員等が経営を支配していると認められる関係を有すること
2．暴力団員等が経営に実質的に関与していると認められる関係を有すること
3．自己、自社もしくは第三者の不正の利益を図る目的または第三者に損害を加える目的をもってするなど、不当に暴力団員等を利用していると認められる関係を有すること
4．暴力団員等に対して資金等を提供し、または便宜を供与するなどの関与をしていると認められる関係を有すること
5．役員または経営に実質的に関与している者が暴力団員等と社会的に非難されるべき関係を有すること

②甲は、甲またはその保証人が、自らまたは第三者を利用して次の各号の一にでも該当する行為を行わないことを確約します。

1．暴力的な要求行為
2．法的な責任を超えた不当な要求行為
3．取引に関して、脅迫的な言動をし、または暴力を用いる行為
4．風説を流布し、偽計を用いまたは威力を用いて乙の信用を毀損し、または乙の業務を妨害する行為
5．その他前各号に準ずる行為

③甲またはその保証人が、暴力団員等もしくは第1項各号のいずれかに該当し、もしくは前項各号のいずれかに該当する行為をし、または第1項の規定にもとづく表明・確約に関して虚偽の申告をしたことが判明し、甲との取引を継続することが不適切である場合には、乙からの請求によって、甲は、乙に対するいっさいの債務について期限の利益を失い、直ちに債務を弁済します。

④甲が乙より手形の割引または電子記録債権の割引を受けた場合、甲またはその保証人が暴力団員等もしくは第1項各号のいずれかに該当し、もしくは第2項各号のいずれかに該当する行為をし、または第1項の規定にもとづく表明・確約に関して虚偽の申告をしたことが判明し、甲との取引を継続することが不適切である場合には、全部の手形および電子記録債権につ

いて、甲は乙の請求によって手形面記載の全額および電子記録債権の債権額の買戻債務を負担し、直ちに弁済します。甲がこの債務を履行するまでは、乙は手形所持人または電子記録債権の債権者として、いっさいの権利を行使することができます。

⑤前2項の場合において、甲が住所変更の届出を怠る、あるいは甲が乙からの請求を受領しないなど甲の責めに帰すべき事由により、請求が延着しまたは到達しなかった場合は、通常到達すべき時に期限の利益が失われ、または買戻債務を負担したものとします。

⑥第3項または第4項の規定の適用により、甲またはその保証人に損害が生じた場合にも、甲は乙になんらの請求をせず、その保証人にも請求させません。また、乙に損害が生じたときは、甲がその責任を負います。

⑦第3項または第4項の規定により、債務の弁済がなされたときには、第15条の規定にかかわらず本約定は失効するものとします。

以上

令和　　年　　月　　日

甲（住所）
（氏名）＿＿＿＿＿＿＿＿＿＿＿＿＿＿＿＿

乙
＿＿＿＿＿＿＿＿＿＿＿＿＿＿＿＿

取引では特に約定書を取り交わさないことが通常である。その理由は、これらについては、銀行取引約定書に定めているからである。電子記録債権の割引については、別途約定書を交わすこともあるが、手形行為と共通する内容については、銀行取引約定書に定めている部分もある。具体的には、回り手形や、取引先が電子記録債務者となっている電子記録債権を銀行が第三者からの電子記録債権割引などによって取得した場合への適用（銀行取引約定書1条2項）、原因債権との関係（同2条）、割引手形や割引電子記録債権の買戻約定（同6条）、手形や電子記録債権の取扱い、返却（同8条）などである。これらは基本約定に置かれている他の定めと若干まぎらわしい面もあるが、共通する面もある（たとえば買戻条項は期限の利益喪失条項とまったく同じ考え方により同じ要件となっている）。必要な程度でそのつど説明していく。

(2) 通常の取引における紛争回避

a 取引条件・利率の変更（銀行取引約定書３条１項）

個別の融資において金融機関と取引先は貸出利率を個別に約定する。そのうち「固定金利」を特別に約定することもあるが、通常は変動金利である。その変動の意味は、たとえば短期プライムレートあるいは長期基準金利に連動するといった合意である。利率の決定の仕方も、具体的に2.475％とすると同時に短期プライムレート＋1.0％と約定する（短期プライムレートを1.475％と仮定した例）。この場合短期プライムレートが上下すれば、基本的にはそれに連動して同じ幅で約定利率も上下する。銀行取引約定書３条１項がこの趣旨の変更にかかわる利率変更権を定めた点は問題がない。他方、このような利率の約定をしていないケースでの利率変更権行使の効果については議論があり、利率引下げはともかく、利率引上げについては、金融機関の一方的な意思表示によって変更でき、取引先の同意は不要との見解（形成権説）もあるが、逆に取引先の同意が必要との見解（請求権説）もあるので、実務としては同意を取り付ける扱いが無難である。現在の銀行取引約定書ではこの点に配慮して、「変更を請求することができる」との表現をとっているものもある。

また、契約者対等の立場から、取引先側から金融機関に対して変更を求めることも可能な規定となっているものもある。

b 危険負担、免責条項等（銀行取引約定書10条）

銀行取引約定書10条１項は、やむをえない事情によって手形、証書が紛失したような場合や電子記録債権の電子記録が消去された場合等には、金融機関に保存されている帳簿や伝票に従って債務を弁済するものとし、その場合に生じた損害（費用等を指す）は、金融機関に責任がある場合を除き取引先が負担するとしている（同条２項）。

銀行取引約定書10条３項は、手形上の権利が成立しなかったり、消滅した場合にも、金融機関は、取引先に対して手形外の権利として手形面記載の金額を請求できることを定めている。この場合も、金融機関側に過失がある場合は別と考えられる。電子記録債権についても同様の定めがされている。

銀行取引約定書10条４項は、手形、証書、電子記録債権の電子記録請求に係る書面等の印影と届出印鑑との照合義務とその効果について定め、「相当の注意をもって照合し、相違ないと認めたとき」には金融機関は免責されるとしている。ただし、判例の立場は、①金融機関が当座勘定取引契約によって委託された手形の支払事務は、委任の本旨に従い善良な管理者の注意をもって処理すべく、社会通念上一般に期待されている業務上相当の注意をもって慎重に行うことを要し、事務に習熟している金融機関職員が相当の注意を払って熟視するならば、肉眼をもって発見しうるような印影の相違が看過された場合は、金融機関側に過失がある、②免責約款は、金融機関において必要な注意義務を尽くして照合することを前提としているのであって、金融機関側に過失がある限り、この約款を援用することは許されないとしている（最判昭46．６．10金融法務事情618号50頁）。したがって、安易に約款に頼らず、金融機関として求められる注意義務を尽くすことが必要である。

銀行取引約定書10条５項は、金融機関の権利保全・債権回収や取引先の権利保全等に要する費用の取引先負担を定めている。当然の事由を定めているともいえるが、たとえば弁護士報酬には異論がある。金融機関にとっては、弁護士に委嘱しなければ解決できない事情があるのでその費用を請求する立場であるが、日本の法律は弁護士強制主義を採用していないので、委嘱を選択した金融機関が負担すべきとの見解もある。

⑶　取引先の業況把握をどうするか、倒産予知をどうするか

a　業況等の報告義務（銀行取引約定書12条）

金融機関の与信取引は取引先との高度な信頼関係を基礎として成立するものであり、取引先は他の関係者には話せないような事項であっても、金融機関には忌憚なく話すような関係にあることが少なくない（その裏返しとして、金融機関には守秘義務がある）。

取引先の業況や、その変動は融資の弁済能力に直接影響を与えるから、金融機関が取引先の業況に関心をもつのは当然であるし、金融機関がこの点に疑念を抱いたら取引先に説明を求めることも自然なことである。取引先がこれに応じないようであれば、信頼関係は揺らいでくる。

以上の事項を銀行取引約定書は約定に反映している。銀行取引約定書12条1項では、金融機関に対する取引先の財務諸表の定期的な提出義務を定めている。同条2項では金融機関の請求に対する取引先の報告義務・調査協力義務を定め、同条3項では重大な変化があった場合の自主的な報告義務を定めるという三段構造になっている。対象は「財産、経営、業況」であるから、経営者等の身分上の事項を除いて、財産上の事項は大半をカバーしている。つまり、金融機関は特段の調査をしなくても取引先の業況を把握することができ、なお必要があれば請求することによって、その目的を達成しうる建前となっている。

b　報告義務違反（銀行取引約定書5条2項3号）

しかしながら、実情はこの建前どおりにはいかない。特に業況が不安定な取引先ほど業況（不利益な事項）を出し渋るものである。その場合の金融機関の対策は、この報告義務違反として、取引先の期限の利益を喪失させる（銀行取引約定書5条2項3号の約定違反）ことが考えられる（ただし、客観的、具体的に債権保全を必要とする状況といえるか等に留意する必要がある。後記本節1(5)dも参照）。割引手形や割引電子記録債権の買戻請求も同様である。

(4)　取引先の倒産の兆候への対応をどうするか

a　取引先の行方不明（銀行取引約定書11条）

不幸なケースであるが、取引先が事業の先行きに悲観して事業継続を放棄することがある。いわゆる夜逃げで、行方不明となると、金融機関は請求や相殺通知などの書面を送付する宛先が不明となり、ひいては法的な債権回収手続にも支障をきたすことになる。その対策として銀行取引約定書11条では、1項で「印章、名称、商号、代表者、住所、その他届け出た事項」に変更があった場合に、取引先の届出義務を課している。さらに2項で、この義務違反があれば、金融機関が通知・送付した書類等は「通常到達すべき時に到達したものとします」と定めている。つまり有効な送達とするのである。これがいわゆる「みなし到達規定」である。

金融機関は取引先が行方不明となり、意思表示の相手がいなくて実務面で困難を強いられてきた経験から、このような困難をなくすために工夫した約定である。もちろん、発信自体を省略できるわけではない。ただし、行方不明は期限の利益の当然喪失事由にもなっている（銀行取引約定書５条１項４号）ので、金融機関は期限の利益の喪失のためにこの条項を使う必要はない。請求書を出状するまでもなく、回収が行えるのである。

この条項を活用するのは相殺通知の出状に関してである。この約定の効力にも限界があり、みなし到達規定は当事者間では有効であるが第三者には主張できないとの見解が有力なので、過信は禁物である。実務としては、たとえば差押債権者に対し相殺による対抗をする場合には、相殺通知を出し直したほうがよい。公示送達（民法98条）の方法があるし、相殺には遡及効があるからである。東京高裁昭和58年１月25日判決（金融法務事情1037号43頁）は、「みなし到達規定」の対外的効力は否定したが、後日の訴訟期日における相殺の意思表示の効力を認めている（参考判例として最判昭54.７.10金融法務事情908号46頁。吉原省三・金融法務事情863号３頁）。

なお、民法97条２項は「相手方が正当な理由なく意思表示の通知が到達することを妨げたときは、その通知は、通常到達すべきであった時に到達したものとみなす」（下線は筆者による）として、みなし到達規定は明文化されている。これにより、たとえば郵便物等が受領拒絶によって返送された場合などは、意思表示が擬制されることになる。しかし、銀行取引約定書11条１項の届出義務の違反が「到達することを妨げたとき」に該当するかについて一致した見解はみられない。したがって、実務上は状況次第では公示送達の方法等によることの検討も必要と思われる。

b　増担保条項（銀行取引約定書４条）

客観的に債権保全の必要性があるときは、金融機関は取引先に対し、担保や保証の追加を請求できる（銀行取引約定書４条１項）。金融機関が請求したからといって、直ちに担保差入れの法的効果は生じないが、請求により取引先は担保・保証提供の義務を負担することになる。請求に対し取引先が拒絶して提供しない場合は、金融機関は約定違反（銀行取引約定書５条２項３号の請求喪失事由）に該当するとして、期限の利益を喪失させ債権回収に着手するという手段が考えられる。ただし、この手段を採用する場合は金融機関の請求の客観的必要性や取引先の拒絶の合理性につきあらかじめ検討しておくべきである。

銀行取引約定書ではないが、いわゆる増担保条項の効力が争われた事例として、東京高裁平成19年１月30日判決（判例タイムズ1252号252頁）がある。原審は増担保条項による抵当権設定の効力を認めたが、この判決は、増担保請求に応じないときは債務不履行となり、期限の利益喪失事由に該当することを認める一方、増担保条項は債権者の意思表示により特定の内容の担保権が設定される形成権を与えたものと解することはできないとした。

(5) 取引先が倒産したらどうするか

a 期限の利益喪失条項（銀行取引約定書５条）

取引先がどういう形態（破産、民事再生、会社更生、特別清算等）であれ倒産した場合、金融機関は当然融資を可能な限り最大限回収しなければならないが、そのための法的手段を行使するためには、取引先の有する期限の利益を喪失させなければならない。相殺でも、抵当権の実行による競売の申立てでも、融資債権の弁済期が到来していることが要件である。金融機関は融資の当初は取引先に対し期限の利益を与えている。期限の利益とは、あらかじめ定めた期限が到来するまでは、債務者は債務の履行を強制されないという利益である。よって期限の利益は債務者のためにあり、債務者はこれを放棄して期限前に債務を履行してもよいが、債権者の側でこれを一方的に剥奪することは原則として許されない（民法136条）。しかし、それでは債務者が期限に債務を履行しないことが明白な場合においても債権者は何も対策がとれないことになり酷であるから、その例外として民法は、137条に期限の利益喪失の事由を３点定めている。すなわち、①債務者の破産手続開始決定、②担保の毀滅・減少、③担保不提供である。

銀行取引約定書５条の期限の利益喪失条項の約定の目的は民法137条と同様である。しかしながら、金融実務では取引先の危険な兆候は多数あり、民法の定めた事由ではカバーできないから、この事由を拡大することで取引先と合意することにしたのである。この条項は金融機関の融資回収の出発点として非常に重要である。喪失事由も以下に述べるとおり、合理的な事由を列挙している。

b　当然喪失条項と請求喪失条項

事由を程度の軽重で２種類に分け、債務者の危険の度合いが重いものを当然喪失条項として銀行取引約定書５条１項に掲げ、その事由が発生すればその事実だけで、金融機関が何もしなくとも期限の利益喪失の効果が発生するとしている。一方、比較的軽いものは請求喪失条項として同条２項に掲げ、金融機関の請求によってその効果が発生することとしている。

金融機関の立場からは、当然喪失のほうが危急の場合に便宜であるが、軽微な約束違反などで直ちに期限の利益を喪失させて権利行使をすれば権利濫用の虞が生じうることから、請求というステップをふむことにしたのである。なお、対象となるのは取引先が金融機関に対して負担しているいっさいの債務である。

c　当然喪失条項（銀行取引約定書５条１項）

(a)　１号……支払の停止または破産手続開始、民事再生手続開始、会社更生手続開始もしくは特別清算開始の申立てがあったとき

「支払の停止」とは、取引先が債務の弁済が不能であることを客観的に表明することをいう。その次に列挙している法的整理手続の「申立て」は、まさに「支払の停止」に該当する。以上は例示列挙であるから、これに類似した事態に該当する場合を包括的に「支払の停止」と表現している。したがって、例示列挙事項に該当しない場合であっても、実質的に倒産と確認できる状態であれば、この「支払の停止」に当たるか否か検討すべきである。もちろん、根拠のあいまいな噂程度で認定するわけにはいかないので、この場合は銀行取引約定書12条により取引先に説明を求めるとよい。取引先が説明義務を履行しない場合は同５条２項の請求喪失条項に該当する。

(b)　2号……手形交換所または電子債権記録機関の取引停止処分を受けたとき

「取引停止処分」それ自体は取引先の倒産を意味しない。この処分は、金融機関によって構成する私的団体である手形交換所または電子債権記録機関が、不良手形や不良電子記録債権の流通の阻止を主たる目的として、特定の振出人または電子記録債務者の振り出す手形等との取引を停止するという、加入金融機関相互の申合せである。この対象となった法人・個人は手形振出し等は自由であるが、それが金融機関では取引の相手にされないということである。不渡処分も1回であれば単純なミスということもあろうが、2回ともなると、決済の能力がないと断定されてもやむをえないところである。この結果、実質的に手形取引等が制限され、加えて、実業界一般ではこの処分を受けたという事実だけで倒産との評価が定着しているといえよう。

(c)　3号……取引先または保証人の預金その他銀行への債権について仮差押え、保全差押えまたは差押えの命令、通知が発送されたとき

取引先やその保証人の資産に強制執行や保全処分がなされるということは、取引先の危険状態の現実化・表面化といえる。この場合、後述するが、金融機関は預金を相殺の対象として期待している（担保的機能）のだから、差押えがなされては大きな支障が生じる。そこで、差押えがかかる前に相殺で対抗できるようにしておきたい。そのための対策として、差押命令が発送された時点で期限の利益を喪失させ、相殺適状をつくりだすためにこの規定が設けられた。このような約定の効力が争われたのが「差押えと相殺」の問題であったが、結論として最高裁は銀行取引約定書のこの約定の対外的効力を認めた（最大判昭45．6．24金融法務事情584号4頁）。付言すると、期限の利益が喪失されるのは、差押命令等が「発送」された時点でなければならない。また、「その他の債権」とは、具体的には異議申立預託金の返還請求権などを対象としている。

(d)　4号……取引先が行方不明となったとき

前記(4)a（取引先の行方不明）で述べたように、取引先が夜逃げなどで責任放棄をした場合も金融機関が債権回収をできるようにこの条項がある。

(e)　注意事項……消滅時効の進行開始

期限の利益喪失条項は金融機関にとって両刃の剣としての一面があることに留意しておかなければならない。それは、融資債権の消滅時効（通常は期間５年で管理する）はこの期限の利益喪失事由の発生の時からカウントしなければならないことである。なぜなら期限の利益の喪失により、金融機関は融資債権の権利行使が可能となり、また金融機関は権利行使が可能となったことを通常知っていると考えられるからである（民法166条１項１号・２号）。あってはならないことだが、この起算点の見落としのリスクもあるので、現場での注意が肝心である。

(f)　実務上の対応

上記各号のいずれかに該当する事実が取引先に生じたことが確認できた場合は、直ちに債権回収に着手すべきである。具体的には、これから述べる相殺や担保権の実行を検討しなければならない。請求喪失条項とは異なり、法的には、取引先に対し請求書や期限の利益喪失の通知書を出状する必要はない。ただ、実務対応としては、出状し、時点も含め明確化しておいたほうが後日の支障がない。

d　請求喪失条項（銀行取引約定書５条２項）

銀行取引約定書５条２項に該当する事実が生じた場合、直ちには債務者の期限の利益は喪失されない。金融機関から請求することによって、喪失の法的効果が生じる。金融機関にとっては、債務者に従前の取引を許容するか、直ちに債権を回収するかのオプションがあるということである。程度の軽い事由を理由に債権全額の返済を迫るのは、存続や再建に努力している取引先に酷であるし、事情によっては、企業を倒産に追い込んだということでトラブルになりかねない。金融機関に非がないとの決着がついたとしても、紛争を招くこと自体がロスである。一方、温情に過ぎて債権回収の機会を看過し、金融機関の損害（貸倒れ）を拡大させることは許されない。金融機関としては、金融機関と取引先との間の高度な信頼関係が破壊された状態であるかどうか、金融機関の債権回収見込みとして着手の時期にあるかどうかなど、種々の事情を勘案して判断しなければならない。

「請求」の方法に特に限定はない。金融機関の意思（期限の利益を喪失させること、したがって債権の全額を直ちに支払うべきこと）を取引先に伝えればよい。通常は、後日の紛争を回避するために、明確な証拠を残す目的で、配達証明付内容証明郵便により出状する。この請求書は債権譲渡の通知・承諾のように法的に確定日付が要求されているわけではないので、内容証明によることが必須ではないが、証明力の点では優れている。さらに、内容証明は相手方に対して強いインパクトがあるとの実質的な理由もある。配達証明は、取引先の不受領の抗弁を封じる意味で必要である。ただ逆に、郵便局戻りとなるようであれば、普通便で出状しておいたほうがよい。取引先が不受領を主張しても、意思表示の到達については、意思表示が相手方の勢力圏内に入れば到達を認め、現実に相手方の了知は必要ではないというのが判例の立場であるからである。相手方が受領を拒絶しても正当な理由のない拒絶であれば、到達の効果が認められる（民法97条２項）。さらに、相手方が無断の転居などで行方不明となり送達できない場合は、銀行取引約定書11条のみなし到達規定により、到達の効力を認めてよい。

一方、意思が相手方に伝わればよいのであるから、口頭で伝えても同じ効果がある。この場合、相手は代表取締役であることが望ましい。社員に伝えたのみの場合は後日の紛議を回避するために、代表取締役あるいは担当の役職者に電話等で連絡するとよい。電話は録音しておくと、証明力の高い証拠となる。

以下に各号の事由について実践面でのポイントを説明する。

(a)　１号……債務の履行遅滞

毎月の約定弁済を１回でも怠ると、これに該当する。請求書を直ちに発送するかどうかは金融機関の判断による。本号のような、ある債務について履行遅滞（期限の利益の喪失）があった場合には他の債務も期限の利益を喪失するという、いわゆる「クロスデフォルト条項」に基づく期限の利益喪失について、最高裁平成18年４月18日判決（金融商事判例1242号10頁）のように、個々の事案における当否が訴訟で争われる例は少なからずある。本号を適用するか否かは、形式的に判断することなく、事案ごとにしっかりと検討する必要がある。

(b)　2号……担保目的物への差押え、競売手続の開始

担保権が根抵当権であれば、確定事由となる(民法398条の20第1項3号)。

(c)　3号……取引先の約定違反

銀行取引約定書4条の担保提供義務違反、11条の届出義務違反、12条の報告等義務違反など、幅広く適用しうる条項である。銀行取引約定書以外の約束事項に違反した場合も含む。

(d)　4号……保証人について、銀行取引約定書5条の各号の事実発生

保証人については、銀行取引約定書5条1項の当然喪失事由であっても、1項3号の場合を除いて、請求喪失事由となる。

(e)　5号……その他債権保全を必要とする相当の事由

銀行取引約定書に例示列挙した条項以外にも実務上は債権回収を急がねばならない事態はさまざまに生じうるので、その場合はこの条項を活用する。ただし当然注意しておかねばならないことは、活用範囲が広いだけにトラブルになるケースも多いことである。「債権保全を必要とする相当の事由」と、金融機関の判断の幅は広く確保してはいるが、後日のトラブルに備え、客観的、具体的な材料を極力多くもっていたほうがよい。

e　割引手形または割引電子記録債権の買戻し(銀行取引約定書6条)

取引先に対し商業手形の割引または電子記録債権の割引の取引がある場合、取引先が倒産となれば金融機関は債権回収に着手する。手形または割引電子記録債権の買戻請求権を行使し、預金があれば買戻請求権を自働債権として相殺する。この結論は実務の立場では当然であろうが、法律的には銀行取引約定書による約定という手続をふまなければ導けない結論である。その理由の詳細は省略するが、概略は次のとおりである。

まず、手形割引の法的性質についてかつて議論があり、手形の売買であるとの見解で判例・通説は固まっている。これが手形貸付や証書貸付のように金銭消費貸借契約であるとの見解が採用されていれば、金融機関は手形割引についても融資の返還請求権をもち、これを行使するという手段(たとえば相殺の自働債権とする)がとれたのであるが、この見解は採用されていな

図表1－1　遡求権と買戻請求権との違い（参考）

	遡　求　権	買 戻 請 求 権
法 的 根 拠	手形法77条1項、43条	銀行取引約定書6条
権 利 内 容	手形の所持人が裏書人に対し、担保責任を追及する権利	金融機関が割引依頼人に対し、手形金額で手形を買い戻させる権利
発 生 事 由	満期呈示、支払拒絶等（手形法77条1項、43条、44条）	期限の利益喪失条項とほぼ同じ（銀行取引約定書5条、6条）
時 効 期 間	1年	5年
相殺の要件	手形の交付が必要	不要（銀行取引約定書8条）

い。手形売買説であっても、実務上は取引先が倒産すれば、金融機関は投下した資金の回収を図らなければならない。手形売買を前提とすると、金融機関がとりうる法的手段は売主の担保責任の追及（民法564条等）と手形の裏書人への償還請求権（遡求権、手形法43条以下）に限られる。この二つの手段は要件が限定されており、行使が不便である。この不便を解消し、融資の返還請求権と同様の権利を得ておかないと金融機関は安心して割引による与信許容ができない。そこで手形の買戻請求権が商慣習として扱われてきたのである。銀行取引約定書ではこの商慣習上の権利を金融機関と取引先との約定として定めたのであり、約定の有効性は判例で認められている（この約定は銀行取引約定書のなかでは、手形約定の部分である）。電子記録債権についても同様の効果を導き出すため、約定が追加された。

手形（または電子記録債権）買戻約定の内容は、一定の事由が生じれば、取引先である割引依頼人は直ちに割引手形（または割引電子記録債権）を手形金額（または電子記録債権の債権額）で買戻しをする義務を負担するとするものである。金融機関は手形金額（または電子記録債権の債権額）の支払を求める買戻請求権を取得することになり、これは融資の返還請求権とほぼ同様の権利といってよい。

一定の事由については、前述の期限の利益喪失条項を準用している。当然喪失事由と請求喪失事由の区分も同様である。これは買戻請求権を融資の返還請求権と同様の位置づけとした点からも理論的であるし、実務上も用語を使い分けるだけでその他の手当が必要ない。

一つだけ相違点を指摘しておく。以上のパラレルな関係は取引先（＝割引依頼人）に関する部分に相当する。すなわち、取引先（＝割引依頼人）に関して上記の銀行取引約定書５条に該当する事由が生じた場合は、すべての割引手形および割引電子記録債権について買戻請求権が発生する。これに対し、手形の振出人または電子記録債権の債務者について上記の事由が発生した場合は、その振出人が振り出した手形またはその債務者が債務者となっている電子記録債権についてのみ買戻請求権が発生する。手形割引（または割引電子記録債権）については振出人（または電子記録債権の債務者）の信用も金融機関の与信判断に加味されてくるから、振出人（または電子記録債権の債務者）の信用不安に対応して、その手形（または電子記録債権）にのみこの権利の発生を約定したのである。

銀行取引約定書５条３項では、買戻請求権発生後も、取引先が買戻義務を履行しない間は金融機関が手形所持人または電子記録債権の債権者としてのいっさいの権利を行使しうる旨を定めている。

割引依頼人の買戻代金支払と金融機関の手形返還とは同時履行の関係（民法533条）にあるから、代金支払までは金融機関は手形を所持しているわけである。注意すべきは、所持人としての義務も存続すると考えられていることである。具体的には、この間に手形期日が到来する場合、権利保全のために支払呈示をすることを要する。そうでないと、買戻履行の際、取引先より支払呈示がないために損害を受けたと主張されトラブルとなるおそれがある。電子記録債権の場合も同様である。

(6) 相殺による回収

a 相殺予約――差引計算（銀行取引約定書７条）

金融機関の債権回収の出発点は預金との相殺である。金融機関にとって、取引先の預金は管理面でも実行面でも最も簡便な債権回収手段である。金融機関の相殺の担保的機能への期待は法的保護に値するとの最高裁の判断もある。

民法所定の相殺（法定相殺。民法505条以下）は要件（相殺が可能な状況を相殺適状というが、これを満たすことが必要）が厳しいので、より緩やかな要件で相殺ができるよう約束を取り交わすことにしており、これを相殺予約、約定相殺などという。差引計算と称するのも同じ意味である。相殺予約は判例（最判昭45．6．24金融法務事情584号4頁）で有効と認められている。相殺予約により、金融機関は取引先の倒産後直ちに債権回収を行うことができ、その効果を差押債権者等の第三者にも主張できる。この点が金融機関にとっては、銀行取引約定書締結の最大の効用の一つといってよい。

① 取引先に当然喪失事由、たとえば預金への差押えが発生したとする。すると、（金融機関のアクションがなくとも）当然に、取引先はすべての債務につき期限の利益を失う。差押えの場合、その命令が発送された時点でこの効果が生じるので、金融機関に送達される段階ではすでに融資債権は弁済期が到来しており、相殺の自働債権たりうる。

② 金融機関は受働債権（取引先が金融機関に対して有する預金の返還請求権）につき期限の利益（定期預金を例にすると、満期までは払戻しに応じないとの抗弁）を有するが、これは債務者である金融機関の側から放棄できる。

③ 以上から預金への差押命令の発送時に自働債権・受働債権の弁済期が到来し、相殺適状にあるので金融機関は直ちに相殺できる。取引先に相殺の意思表示をしておけばよく、これが仮に遅れても、相殺には遡及効があるので、相殺適状に至った時点で相殺の効力が認められる。前記最高裁判決はこの結論を認め、従来の議論に決着をつけ、確立している。預金の差押えの時点で金融機関が反対債権（融資債権等）を有してさえいれば、金融機関は有効な相殺ができ、差押債権者等の第三者に対抗できる。

④ 相殺の意思表示は配達証明付内容証明郵便によるのが通常である。これも(5)dで説明したのと同様、後日の証拠とするためであって、状況次第では口頭で伝えてもよい。いずれにしろ、相殺の意思表示は取

引先に到達する必要がある。

銀行取引約定書7条2項はいわゆる払戻充当の規定であり、1項の約定相殺の要件を具備する場合に限り、取引先から委任を受けて、事前通知および所定の手続を省略して差引計算ができるものとしている。

差引計算の方法は3項で定めている。金融機関の定める利率・料率により「計算実行の日」を基準日として計算する。また、基準日である「計算実行の日」は、原則として金融機関の任意で決定できる。つまり相殺は金融機関が適当と認める時期に行えばよい。金融機関にとって、債務者の倒産が確定的でほかに残債の請求をしなければならない関係で相殺を早く実行することがある。前述の預金への差押えに対抗するには、相殺適状になると同時に相殺すべきである。一方、債務者に再建の余地があるとか、割引手形の期日が未到来なので充当すべき債権が不確定とかの理由で、相殺を控える場合もある。このような相殺の不行使は違法ではなく、相殺適状ののち2年半経過後の相殺を有効とした判例（最判平2.7.20金融法務事情1270号26頁）もある。ただし、いくら預金が十分にあるからといって、いたずらに相殺を遅らせて遅延損害金を多くするような行為は権利の濫用として認められない場合があるので注意すべきである。

外国の通貨による金銭債権の場合は、現実に弁済するときの外国為替相場によって換算すべきである（判例・通説)。相殺の場合は計算実行時の相場が適用される。

b　手形の呈示、交付または電子記録債権の支払等記録等（銀行取引約定書8条）

金融機関は手形貸付や手形割引、あるいは割引電子記録債権に係る債権回収の場合に、金融機関が保有する手形または電子記録債権を取引先に同時に返却することを条件とはされない。相殺の際も手形の交付は不要である。しかし、最終的には返却しなければならないので、保管をしておく必要はある。また、手形期日には手形の振出人への呈示などの管理手続も忘れてはならない。この条項は、手形金の支払を受けるときは手形の返却と同時履行であるのが原則（受戻証券性、手形法38条等）であるし、またその抗弁があるので相殺の効力も問題となりうるところ、特約によってカバーしているのである（電子記録債権についても同様）。なお、この条項の適用を受けるために、たとえば手形貸付について相殺をする場合の自働債権は、手形債権ではなく、融資債権や買戻請求権としておいたほうがよい。手形債権の場合は銀行取引約定書8条3項の各号に該当する場合に限り、手形交付義務が免除される。いわゆる支払人口での相殺をする場合は、3項が適用される。

返却の場合の手形交付の場所は金融機関である（銀行取引約定書8条2項）。金融機関は取引先を訪問して返却手形を呈示するまでの法的義務を負ってはいない。

c　銀行取引約定書8条4項はいわゆる「とめおき権」を定めている

とめおき権を行使できるのは、①取引先が差引計算後も弁済期の到来した債務を負担しており、②手形または電子記録債権に取引先以外の債務者がある場合である。たとえば割引手形の買戻請求権と取引先の預金とを相殺した後でも、取引先に他の借入債務があり、その弁済期が到来している場合は、金融機関はその割引手形を留め置いて、交換呈示をし、その代り金を融資債権の弁済に充当することができる。この特約の有効性は判例も認めている。

d　充当の指定（銀行取引約定書9条）

金融機関が取引先から弁済を受けたり、あるいは銀行取引約定書7条による差引計算をする場合に、融資金全額を消滅させられないときは、複数の融資金・利息のうちどの融資金・利息の弁済に充当するかは、金融機関の利害に直接かかわる事項である。元本と利息との比較では、通常は利息を優先すべきであるし、元本同士の比較でいえば、特定の担保のある融資とない融資との優劣は明白である。適用金利の高低の違いもある。この点、民法上の原則は、任意の弁済の場合は、まず弁済者である取引先が充当の指定をし、それがないときに受領者である金融機関が指定をし、いずれもないときは法定弁済充当として、債務者のために弁済の利益の多いものを優先することになっている（民法488条以下）。そこで、銀行取引約定書旧ひな型では、金融機関が充当の指定をあらかじめ特約し、金融機関の利益を優先させることができるようにしていた。現在の銀行取引約定書では、この点取引先に配慮し、取引先側からも充当指定ができることとしている。ただし、取引先からの充当指定により金融機関の債権保全に問題が生じる場合（たとえば無担保融資があるときに、ひも付担保で保全されている融資を優先的に指定されたとき等）には、金融機関は異議を述べ、金融機関の指定によりあらためて充当順序を決めることができる等、最終的には金融機関に指定権があるとしているものもある。

金融機関の充当指定権については、制限的に解釈すべきであるとの学説もある。たとえば取引先が特定の借入の弁済をしたい旨を申し出てきた場合に、金融機関はその弁済を拒絶することはできるが、弁済を受領して他の融資金の弁済に充当することまではできないとされる。例としてあげたように、無担保融資と担保付融資とが併存している場合に、取引先としては担保付融資の弁済を優先したいであろうし、金融機関はその逆なので、争いが生じうる。

金融機関が行う相殺についても、民法512条は相殺充当の定めを置いているが、銀行取引約定書による特約は「当事者が別段の合意をし」た場合にあたり、金融機関は自働債権である融資を任意に選択できる。

なお、担保権実行による担保不動産競売手続における配当金についてはこの特約は及ばないので、注意を要する。最高裁昭和62年12月18日判決（金融法務事情1182号38頁）は、この場合は法定充当とされるべきで、特約により充当の順序を変更することは許されないとしている。

e　取引先の側から行う相殺（銀行取引約定書７条４項～６項）

この条項は昭和52年の旧ひな型改正により、社会的な要請（大蔵省（当時）からの、歩積・両建自粛対策のための制定の要請）に応えて追加されたものである。

金融機関にとって重要なのは、取引先からの相殺の意思表示を「書面によること」とした点である。倒産となれば、取引先およびその代表者は倒産理由、再建策、債務の弁済計画等さまざまな事項について金融機関に述べることがあるが、そのなかで「預金からの弁済」に言及されても、金融機関でその真意を測りかねる場合がある。そこで一律に、書面提出を要件にしたのであり、金融機関はこれにより取引先の意思を確認できるし、また、書面を受領した以上は特に合理的な理由がない限り相殺に応じなければならない。したがって、取引先からこのような口頭での要求を受けた場合は、まず書面を要求する対応が妥当である。

その充当については、最終的な指定権は金融機関にある（銀行取引約定書9条3項の充当指定変更権）。ただし、取引先の充当指定に対し金融機関が異議を申し立てる場合は、相殺の意思表示が到達したのち「遅滞なく」述べねばならないとされているので、注意を要する。

(7) 担保権の実行による回収

a 担保権の実行方法の特約（銀行取引約定書4条2項）

ここでは任意処分の方法について定めている。担保権については、不動産であれば民事執行法による担保権の実行としての競売（同法180条以下）、債権であれば民法366条の取立てによる弁済充当の方法等をとれるが、これらの法定の手続によることなく、金融機関が任意処分をしたうえ、その代金を法定の順序によらないで弁済充当できることとしている。また、たとえば預り手形で考えれば、競売（民事執行法190条）は煩雑なだけで、金融機関経由の期日取立ての方法が優れているのは明らかである。株式担保も、任意処分でなければ換価しがたい場合がある。この特約は実務上の必要に基づいているので、活用の機会は多い。

b 預り手形等の任意処分・取立権（銀行取引約定書4条3項）――商事留置権（商法521条）と破産管財人との紛争

金融機関の占有する動産・有価証券の処分権を定めたのが銀行取引約定書4条3項である。銀行の場合、取引先が所有する動産・有価証券を占有すると、商法521条の商事留置権を取得する。しかし、商事留置権だけでは留置的効力はあっても処分権まであるとは直ちには認められないので、占有物を処分して融資の弁済を受けるのには問題がある。さらに、信用金庫などの協同組織金融機関では商事留置権が発生しない（最判昭63.10.18民集42巻8号575頁、金融法務事情1211号13頁参照）ので、取引先からの返還請求に応じなければならなくなる。それでは実務上支障が生じるので、あらかじめ約定により、取引先に債務不履行があった場合は金融機関が処分権を有するものとし、融資金回収の道を確保しているのである。

なお、最高裁平成10年7月14日判決（金融法務事情1527号6頁）は、破産財団に属する手形上に商事留置権を有する者は破産宣告（現破産手続開始決定）後においても手形を留置する権能を有し、破産管財人からの手形の返還請求を拒むことができるとともに、銀行が手形交換により自ら取り立てて弁済に充当することができるものとして、本条項と同旨の旧銀行取引約定書の規定に定める任意処分の方法について、少なくとも手形上に商事留置権を有する場合について破産手続との関係で有効なものと認めている。また、民事再生における取扱いについては、最高裁平成23年12月15日判決（金融法務事情1940号96頁）は、①取立委任手形に商事留置権を有する者は、別除権の行使としてその手形の取立金を留め置きできること、②取立充当約定は、別除権の行使に付随する合意として民事再生法上も有効であると考えられることを判示し、取立充当約定に基づく取立ておよび弁済充当を認めた（会社更生手続との関係については、福岡高判平12.6.30金融法務事情1593号71頁参照）。

(8) その他の特約

a 裁判管轄の合意管轄（銀行取引約定書14条）

民事訴訟法上、合意管轄が認められる（同法11条）が、銀行取引約定書14条は金融機関の「本店または取引店の所在地の管轄裁判所」を管轄裁判所とするとの合意を定めている。ただし、合意は土地管轄のみであり、事物管轄は定めていない。

取引先との紛争が訴訟にまで発展する場合、管轄裁判所がどこかは、訴訟における攻撃・防御の便宜からいって重要な要素である。この特約の効力は、特に、債務者や保証人の所有不動産が遠隔地にあるときに、本店所在地の裁判所に仮差押命令の申立てをする場合などに発揮される。

b 遅延損害金の利率（銀行取引約定書3条4項）

銀行取引約定書3条4項で遅延損害金の利率を定めている。遅延利息、延利、延滞利息などともいわれている。遅延損害金の約定をしておかないと、債務不履行（延滞）がある場合に、金融機関が取引先に対して請求する金利は延滞発生時点の法定利率（令和６年４月時点で年利３％。民法404条）が適用され、約定金利がそれを超える場合には約定金利が適用される（同法419条１項但書）ことになる。

遅延損害金の約定をしておくことにより、金融機関は損害の証明の必要がないし、取引先は不可抗力をもって抗弁とすることもできない（民法419条２項・３項）。

c　反社会的勢力の排除（銀行取引約定書16条）

政府が策定した「企業が反社会的勢力による被害を防止するための指針」（平成19年６月19日犯罪対策閣僚会議幹事会申合せ）等をふまえ、平成21年４月頃より銀行取引約定書などの融資関連契約書に反社会的勢力の排除にかかわる条項（いわゆる「暴力団排除条項（暴排条項）」）が導入された。その後、平成23年６月２日付で全国銀行協会から公表された「融資取引および当座勘定取引における暴力団排除条項参考例の一部改正について」に基づく改正を経て、現在の条項となっている。16条では、取引先およびその保証人が暴力団員等でないことを表明し、将来にわたっても該当しないことを確約すること（銀行取引約定書16条１項）、暴力的な要求行為等を行わないこと（同条２項）、16条１項または２項に違反した場合、請求喪失事由に該当すること（同条３項）などが定められている。

2　その他の約定書――ローン金銭消費貸借契約書

ローン取引については、銀行取引約定書を締結しない扱いが多い。この場合であっても、銀行取引約定書の長所は生かされるべきであるから、銀行取引約定書のうち必要な部分は適宜修正を加え、ローンの金銭消費貸借契約書に反映する実務となっている。期限の利益喪失条項は一部修正される例も多い（その他については第３章第２節を参照されたい）。

第2章

融資取引の相手方

第1節　本人確認等

1　金融機関における本人確認の必要性

金融機関が融資取引をする場合に、相手方が実在する契約当事者本人であることの確認が必要なことはいうまでもない。本人以外の者を相手方として行った与信行為は、その効力が否定され、金融機関に損失が生じるおそれがあるからである。他方、現在、日本においては、暴力団その他の反社会的勢力が、健全な市民生活や企業活動への脅威になっていることから、これらの勢力を封圧する必要がある。そこでまず犯罪による収益が金融機関等を通してマネーロンダリングされ、社会に流入していくことを防ぐために、犯罪による収益の移転防止に関する法律（以下「犯罪収益移転防止法」という）が定められている。この法律は刑事法であり、金融機関を含む特定の事業者の行う、一定の取引（金融機関の貸付もこの取引に含まれる）については、本人確認等の義務が課せられる。具体的には、金融機関の取引時の確認義務(①本人特定事項（自然人（以下本章では「個人」という）の場合は氏名・住居･生年月日、法人の場合は名称および本店または主たる事務所所在地)、②取引を行う目的、③個人の場合は職業・法人の場合は事業内容、④法人である場合において、その事業経営を実質的に支配する関係者がある場合にはその本人特定事項)、本人確認記録の作成義務、疑わしい取引の届出等である。また、暴力団の排除は、各都道府県において条例化され、その対象は金融機関に限られるものではないが、特に金融機関においてはその公共的性質から、反社会的勢力との関係遮断および関係解消が強く求められるため、全銀協は、平成19年７月24日「反社会的勢力介入排除に向けた取組み強化について」という申合せを行い、現在各金融機関においては、反社会的勢力との取引遮断に取り組み、銀行取引約定書をはじめとする契約書において暴力団排除条項を定めている。したがって、これらの観点からも、本人確認や取引目的、相手方の属性の把握等が要請されているのである。

2　犯罪収益移転防止法に基づく本人確認

(1)　個人の場合の確認方法

a　対面での取引の場合

店頭などにおける対面取引を想定した本人確認の方法として、書類の提示を受ける方法が規定されているところ、本人確認に用いられる主な書類として以下の四つの類型がある（犯罪収益移転防止法施行規則７条１号、６条２項)。

①　運転免許証等、在留カード、特別永住者証明書、個人番号カード、旅券等もしくは船舶観光上陸許可書または身体障害者手帳、精神障害者保健福祉手帳、療育手帳もしくは戦傷病者手帳（当該個人の氏名、住居および生年月日の記載があるものに限る）など

②　国民健康保険、健康保険、船員保険、後期高齢者医療もしくは介護保険の被保険者証、健康保険日雇特例被保険者手帳、国家公務員共済組合もしくは地方公務員共済組合の組合員証、私立学校教職員共済制度の加入者証、児童扶養手当証書、特別児童扶養手当証書もしくは母子健康手帳（当該個人の氏名、住居および生年月日の記載があるものに限る)、または取引を行うための申込みまたは承諾に係る書類に顧客等が押印した印鑑に係る印鑑登録証明書

③　②に含まれない印鑑登録証明書、戸籍の附票の写し、住民票の写しまたは住民票の記載事項証明書など

④　国税または地方税の領収証書または納税証明書ならびに社会保険料または公共料金の領収証書など

具体的な方法として、まず、①の書類の提示を受ける方法が認められている（犯罪収益移転防止法施行規則６条１項１号イ)。当該書類は、書類に添付されている写真を通じて本人の容貌を確認することができ、証明力が高い

と考えられるため、当該書類１枚の提示で本人確認が完了する。

また、２種類の②の書類の提示を受ける方法、または②の書類と③の書類もしくは現在の住居の記載がある④の書類の提示を受ける方法も認められている（犯罪収益移転防止法施行規則６条１項１号ハ）。これらの書類は、①の書類に比して本人以外の者が所持している可能性が高いため、複数の書類の提示が求められている。

b　非対面取引の場合

上記のほか、メールオーダーやインターネット取引などの場合を想定した、非対面で完結する本人確認方法も規定されている。

(a)　書類の郵送等による方法

①〜③の書類の送付等を受け、その本人確認書類に記載されている住居に宛てて、取引関係文書（預金通帳その他の取引に係る文書）を、書留郵便等により、転送不要郵便物等として送付する方法が認められている（犯罪収益移転防止法施行規則６条１項１号チ）。

また、金融機関にかわって住居を確認し、①の書類の提示を受け、本人確認に係る所定の事項を金融機関に伝達する措置がとられている本人限定受取郵便またはこれに準ずる方法により取引関係文書を送付する方法も認められている（犯罪収益移転防止法施行規則６条１項１号ル）。

(b)　オンラインによる方法

オンラインのみで完結する本人確認の方法として特定事業者が提供するソフトウェア等を利用する方法が規定されており、たとえば当該ソフトウェアを使用して撮影をさせた容貌および①の書類の画像情報（当該書類に記載されている氏名、住居および生年月日、当該書類に貼り付けられた写真ならびに当該書類の厚みその他の特徴を確認することができるもの）の送信を受ける方法が認められている（犯罪収益移転防止法施行規則６条１項１号ホ）。

また、電子署名及び認証業務に関する法律４条１項による認定者、電子署名等に係る地方公共団体情報システム機構の認証業務に関する法律（以下「公的個人認証法」という）３条６項または16条の２第６項による地方公共団体情報システム機構、公的個人認証法17条１項５号に規定する内閣総理大臣および総務大臣の認定を受けた署名検証者がそれぞれ発行する電子証明書および当該電子証明書により確認される電子署名付取引に関する情報の送信を受ける方法も認められている（犯罪収益移転防止法施行規則6条1項1号ヲ・ワ・カ）。

(2)　法人の場合の確認方法

法人と取引をする場合、犯罪収益移転防止法は、法人および代表者等（取引にあたっている自然人）の双方について本人特定事項の確認を求めている（同法4条1項・4項）。法人の本人確認の方法は、登記事項証明書（登記していないときは、所轄行政機関の長による当該法人の名称、本店または主たる事務所所在地を証する書類）または印鑑登録証明書、その他官公庁から発行された書類で、当該法人の名称および本店または主たる事務所所在地の記載のあるもの（犯罪収益移転防止法施行規則7条2号）の提示を受ける方法や、その原本または写しの送付を受けて、取引関係文書を書留郵便等により、転送不要郵便物等として送付することにより行う方法が認められている（犯罪収益移転防止法施行規則6条1項3号イ・ニ）。

また、オンラインで完結する方法として、代表権を有する役員として登記されている代表者等から当該法人の名称および本店または主たる事務所所在地の申告を受け、登記情報提供サービスの登記情報の送信を受ける方法や、当該法人の代表者等から、商業登記法の規定に基づき登記官が作成した電子証明書および当該電子証明書により確認される電子署名が行われた取引に関する情報の送信を受ける方法が認められている（犯罪収益移転防止法施行規則6条1項3号ロ・ホ）。

なお、代表者等の本人確認は個人の場合と同様である。

3　反社会的勢力でないことの確認

金融機関は、取引の相手方が反社会的勢力である場合には、貸付取引を行ってはならない。貸付後、相手方が反社会的勢力となり、あるいは反社会的勢力であることがわかった場合には、金融機関は、融資取引を解消しなければならない。反社会的勢力とは、暴力団関係者（暴力団員や暴力団や暴力団員と密接な関係を有する者）等がこれに当たるが、全銀協が定める暴力団排除条項は、その共生者や総会屋、社会運動等標ぼうゴロ、暴力的行為をする者も対象とする幅広い概念になっている。

相手方が反社会的勢力に該当するかどうかという判断は、各金融機関において、警察署や暴力追放運動推進センター、業界団体、マスコミ等からさまざまな反社会的勢力に関する情報を集約し構築・作成したデータベースをもとに、各金融機関が照合したうえ、個別案件における窓口での相手方の言動、相手方事務所の訪問などを通して総合的に判断し、最終的には警察への照会をする等して行うことになる。

第2節　個　　人

1　個人との取引をするにあたっての基本的留意事項

⑴　契約者本人の確認と意思確認

個人との取引においては、本人の確認およびその意思の確認が重要である。たとえば貸付金回収において、いざ第三者提供の担保権の実行や保証人の追及を行おうという段になって、自分はそのような契約をしたことがないという申出を受けることがある。担保提供意思・保証意思否認の問題である。抵当権設定契約書や保証契約書をみると、印鑑証明書と同じ印影の実印が押捺されているが、署名は本人の署名ではないということになると、抵当権や保証が無効になる蓋然性が高くなる。替え玉と契約してしまったり、本人の意思を確認せずに契約しているおそれがあるからである。

犯罪収益移転防止法において、本人確認の義務が定められ、その具体的方法も規定されているが、融資取引においては、契約当事者本人であることの確認に加えて、本人の意思に基づく契約であることの確認が必要であり、これを怠ると、担保や保証に関する契約が無効となって債権者たる金融機関に不利益が生じる。契約締結にあたっては、契約当事者と直接面談し、契約内容の説明と契約者がその内容を理解していることの確認を行い、さらに運転免許証等で面前署名者が本人自身であることを確認しておくことが望ましい。印鑑証明書、実印、担保不動産の登記済権利証（ないし登記識別情報）を保有していること自体は本人であることを示すものといえるが、替え玉ということがないとは限らないからである。

⑵　実印押捺および印鑑登録証明書徴求の意味

個人との融資契約においては、個人の印鑑証明書の添付と実印の押捺を求めることが通例である。契約が登記に関係する場合（抵当権設定契約等）や公正証書にする場合には、原則として当該契約者個人の印鑑登録証明書の添付と実印による書類の作成がないと、その目的を達することができないから、手続上の要請であるという側面がある。しかし、そうでない場合であっても、融資契約書には印鑑証明書と実印の押捺を求めるのが普通である。これは、本人確認および意思確認を行うためである。印鑑登録手続自体が厳格であること、実印が重要なものであることは常識になっており、印鑑登録者は、実印・印鑑登録カードを厳重に保管するのが通例であること等から、印鑑証明書の徴求および実印の押捺を求めるということは、本人の意思に基づく契約であることを強く推認させることがその理由になっている。しかしながら、融資実務がマニュアル化され、融資担当者が、なぜそのような書類を受け入れているのかという点を理解しないで事務処理を進めると、形式的には書類はそろっているが、本人から契約の成立を否認されるという事態が生じる。債務者のために保証をしたり担保提供をするという者は、債務者と一定の身分関係や仕事上の関係がある者であり、債務者がそれらの者の印鑑登録カードを用いて印鑑証明書を取得したり、実印を押捺することができる立場にあることがありうる。このように債務者が立場を利用して本人に無断で本人名義の契約を締結した場合には、契約は無効になる。債権者としては、この場合には表見代理を主張して契約の効力を争うことになるが、裁判所はそのような金融機関には過失があることを理由に金融機関の主張を認めないケースが多い。形式的に書類がそろっていても、本人確認、意思確認を怠ったのでは意味がないことの理解が不可欠である。

⑶　署名・署名の代行

個人を相手方とする融資取引においては、契約書、念書、差入書その他の契約書類を作成することになるが、文書に作成者自らの氏名を記すことを署名という。自己の作成した書類等に、その責任を明らかにするためになされる行為である。署名は、自署によることが原則であるが、手形では「署名」は、記名捺印を含むものと扱っており（手形法82条）、商法では、署名または記名押印のいずれかによるものとする旨の規定がみられる（商法546条など）。

また、代理人が直接本人の署名を行うことを署名代理といい、手形行為においては署名代理の有効性が古くから判例によって認められてきたが、一般取引においても、代理人に代理署名をする権限が与えられている限りは有効な代理の方法として認められている。民法では、代理行為については、代理人が本人のためにすることを示して代理行為をしなければならない（同法99条１項・顕名主義）とされているが、代理人が直接本人の名だけ示して行為をした場合と本人のためにすることを示して代理人の名で行為をする場合との差異がなく、署名代理の効力を否定することは取引の安全を害することになるという実質的な判断があるものと考えられる。そうなると、融資取引の相手方である個人との取引において、本人の自署を求める必要性があるのかという疑問が生じうるが、あくまで本人の面前自署を求めるべきである。特に融資取引においては、契約締結における本人の意思確認が重要であり、これを怠ると与信、保証、担保の効力が否定されることになるし、本人以外の者のサインの存在自体無用な紛争のもとになるからである。契約書類の作成にあたり、本人の面前自署は、契約の有効性を担保する基本原則というべきである。

どうしても自署できない事情（たとえば判断能力に問題はないが、手が不自由で、自らの署名ができない等）がある場合には、代理署名を認めるという扱いを否定すべきではない（金融庁の「主要行等向けの総合的な監督指針」（令和６年２月）Ⅲ－６－４「障がい者等に配慮した金融サービスの提供」）。この場合には、各金融機関があらかじめ作成したマニュアルにより臨むことになるが、基本的には行員複数名立会いのもと、代理署名を必要とする事情および代理署名者を記録に残しておく等の配慮をするべきである。本人が押捺もできないという場合には、押捺の代行もやむをえないと思われる。

(4) 電子契約の導入

従来、金融機関における取引においては、紙の契約書に署名捺印を行うことが一般的であった（実務上は、顧客のみが署名捺印を行う差入方式がよく見受けられる)。この点、民事訴訟において文書を証拠として利用するためにはその成立の真正を証明する必要があるところ(民事訴訟法228条1項)、私文書上の印影が本人または代理人の印章により顕出されたものであるときは、反証のない限り、当該押印は本人または代理人の意思に基づく押印であることが事実上推定され(一段目の推定。最判昭39.5.12民集18巻4号597頁)、また同条4項により当該私文書全体が真正に成立したものと推定される(二段目の推定)。以上のような二段の推定の考え方をふまえると、紙の契約書に署名捺印を行うという方法は、後日、契約の内容につき訴訟が発生することに備え、立証手段を確保しておくという観点から有益である。特に個人との融資契約に関しては、現状は紙の契約書によることが多いように思われ、なお押捺(押印)の重要性が否定されるものではないと考えられる。

その一方で、近年、金融機関では、顧客との取引にあたって、電子契約を導入する動きも見受けられる。電子契約を導入することのメリットとしては、たとえば、契約締結に際しての事務負担の軽減や印紙貼付の負担の回避、契約書の保管コストの削減といったものがあげられる。しかし、電子契約の締結のために作成される電子文書は、民事訴訟法上、準文書(民事訴訟法231条)として扱われ、私文書を対象とする二段の推定を利用することができない。もっとも、電子文書についても、本人の意思に基づく電子署名(これを行うために必要な符号および物件を適正に管理することにより、本人だけが行うことができることになるものに限る)が行われている場合には、当該電子文書の真正な成立が推定され(電子署名法3条)、電子契約の場合であっても紙の契約書における二段の推定と同じような証拠能力を確保可能な場合もある。

さらに、電子署名法3条の推定が利用できない電子契約の場合であっても、契約成立の過程における当事者間のやりとりの記録(メール等)を長期間保存しておくといった方法等により、契約が締結された事実等の立証手段を確保しておく対応も考えられる(令和2年6月19日内閣府・法務省・経済産業省「押印についてのQ&A」参照)。

以上のように、訴訟が発生した場合の立証手段をどう確保するか等を考慮に入れつつ、金融機関では電子契約の導入が進んでいる。

2　権利能力・意思能力・行為能力

(1)　権利能力

a　日本国民の権利能力

権利能力とは、権利義務の主体となりうる地位・資格をいい、すべての自然人には権利能力が与えられている。

b　外国人の権利能力

外国人も権利能力を有するが、法令または条約により制限されることがある（民法３条２項）。外国人であることは法務大臣（出入国在留管理庁）が交付する在留カード（出入国管理及び難民認定法19条の３）等により確認する。

c　認定死亡

水難、火災その他の事変で死亡したことが確実とみられる場合、その取調べをした官庁または公署は、死亡地の市町村長に死亡の事実を報告しなければならない（戸籍法89条）。その報告により、戸籍に死亡の事実が記載される（同法15条）。

d　失踪宣告

不在者が長期間生死不明の状態が継続している場合、不在者をめぐる法律関係を安定化させるために、民法は、一定の要件のもと家庭裁判所により失踪宣告をし、失踪宣告がされた場合には死亡とみなすことにしている。最後の音信から７年間生死が不明の場合を普通失踪といい（同法30条１項）、戦地に臨んだ者は戦争が終わったのち、沈没した船中にいた者は沈没後、その他生命の危機を伴う危難に遭遇した者はその危難が去った時から、それぞれ１年間生死が不明の場合を特別失踪という（同条２項）。失踪宣告があれば、普通失踪の場合は期間満了時に、特別失踪の場合は危難が去った時に死亡したものとみなされる（同法31条）。もっとも、失踪宣告制度は、死亡したものとみなすことにより、不在者の最後の住所地において存在していた身分上・財産上の法律関係を処理することができることを意味し、不在者の権利能力を奪うものではない。したがって不在者が新住居地で権利義務の主体となることまで否定されるものではない。

(2) 意思能力

法律関係を発生させる意思を形成して、その意思を外部に表して、結果を判断予測しうる能力（7～10歳くらいの子供の判断能力だとされている）を意思能力という。幼児・重度の知的障害者、泥酔者には、意思能力がないものとされている。意思能力のない者による契約締結行為があっても、その契約は無効となる（民法3条の2）。近年は、高齢者の意思能力をめぐるトラブルが増加傾向にあり、融資契約においても注意を要する事柄である。

(3) 行為能力

しかし、実際に当該自然人が意思能力を有するかどうかは外見上明確でないことが多く、これでは取引の安全を害する一方で、意思能力がないことを立証することの困難さが、意思能力のない者の保護にも欠ける不都合が生じることから、法律は、法律行為を単独で行うことのできる法律上の資格を行為能力と位置づけ、未成年者、成年被後見人、被保佐人、被補助人については、行為能力が制限されるものとした。このような制限行為能力者が単独で行った財産法上の行為は、法定代理人等において取り消すことができるものとされている。

3 制限行為能力者制度

民法は、未成年者（18歳未満の者。同法4条）および成年被後見人（事理の弁識能力欠落の常況にある者で家庭裁判所の後見開始審判を受けた者。同法7条）・被保佐人（事理弁識能力不足顕著の者で、家庭裁判所で保佐開始の審判を受けた者。同法11条）・被補助人（事理弁識能力不足の者で家庭裁判所で補助開始の審判を受けた者。同法15条）を制限行為能力者としている。

(1) 確認方法

当該取引の相手方が制限行為能力者であるかどうかは、次のように確認する。

未成年者の場合は、戸籍謄本を受け入れることにより、出生年月日の記載から確認する。戸籍謄本からはほかに婚姻の有無、親権者、未成年後見人、未成年後見監督人を確認することができる。

成年被後見人、被保佐人、被補助人の場合は、後見登記制度の「登記事項証明書」により、制限行為能力者であること（後見・保佐・補助の種別）、成年被後見人・被保佐人・被補助人の氏名・出生年月日・住所・本籍、成年後見人・保佐人・補助人等の住所・氏名、保佐人・補助人の代理権・同意権の内容等が確認できる（後見登記に関する法律４条）。もっとも後見登記の登記事項証明書の交付請求ができるのは、制限行為能力者のプライバシーの観点から、制限行為能力者本人・成年後見人等・成年後見監督人等・配偶者・４親等内親族等一定の範囲の者に限られる（同法10条）ことから、金融機関は、これらの者から登記事項証明書（記録がないときは、その旨の登記事項証明書）を受け入れて確認する必要がある。登記事項証明書の発給事務は、全国の地方法務局本局が行っている。

登記事項証明書以外の確認方法としては、後見・保佐・補助開始の審判書および確定証明書による確認も可能である。

なお、従来の禁治産者・準禁治産者は、それぞれ成年被後見人・被保佐人とみなされる（民法の一部を改正する法律（平成11年12月８日法律第149号）附則３条）が、制限行為能力者本人・法定代理人・本人の親族等が後見・保佐登記の申請をすれば、戸籍が再製され、戸籍による確認はできなくなる一方「登記事項証明書」による確認が可能になる。このような申請をしない者については、改正前のとおり戸籍にそのまま残ることになるから、戸籍謄本の記載により確認することになる。

(2)　制限行為能力者との取引

a　未成年者との取引

未成年者は意思能力を有していても、単独で確定的に有効な法律行為を行うことはできず、法定代理人の同意を必要とする。法定代理人の同意を得ずして財産上の法律行為をした場合、単に権利を取得しまたは義務を免れる場合を除いて、その法律行為を取り消すことができる（民法５条２項）。取消権を行使しうるのは未成年者および法定代理人等である（同法120条１項）。しかし、意思能力を有する未成年者は、法定代理人があらかじめ許可した財産の処分行為（同法５条３項）、法定代理人が許可した営業に関する行為（同法６条）、法定代理人から会社の無限責任社員となることを許可された未成年者が社員として行った行為（会社法584条）については例外的に単独かつ完全な法律行為をすることができる。また、未成年者であっても婚姻したときは成年に達したものとみなされる（民法753条）。

しかし、未成年者が意思能力を有しない場合は、法定代理人の同意を得ていたとしても有効な法律行為を行うことができない。この場合は法定代理人が未成年者を代理して法律行為をするしかない。未成年者が意思能力を有するかどうかを判断することは困難であり、法定代理人の同意を得たうえで未成年者自身と契約の締結をする方法は避け、原則として法定代理人と契約を締結すべきである。

(a) **法定代理人**

未成年者の法定代理人は第一次的には親権者がなり、第二次的には未成年後見人がなる。

親権は父母が共同して行うのが原則であるが父母の一方の死亡や非嫡出子の場合など父母の一方が親権を行使できない場合、単独親権となる（民法818条、819条）。なお、従来は単独親権になるものとされた両親の離婚については、令和６年５月に離婚後の共同親権を認める改正民法が成立し、令和８年までの施行が予定されている。

親権者が存在しないときや親権者が管理権を有しないときは後見人が法定代理人となる（民法838条）。この場合、未成年者に対して最後に親権を行使する者は遺言で未成年後見人を指定することができ（同法839条）、この指定がなかった場合には、家庭裁判所が被後見人の親族その他利害関係人の請求により未成年後見人を選任する（同法840条）。未成年後見人の人数は１人とは限らない（同条２項）。

なお、未成年者が養子になると実父母の親権から離脱して養親の親権に服するが、養父母双方が死亡しても実父母の親権が回復することはなく後見が開始される（通説・戸籍先例）。

父母が共同して親権を行う場合において、父母の一方が他方の意思を無視して共同名義で親権を行使して未成年者を代理し、または子が同意を与えた場合は、相手方が善意であれば共同行使の効果が生じる（民法825条）。共同名義ではなく、父母の一方が勝手に単独名義で親権を行使したときは、代理行為の場合であれば通常の無権代理の問題となり（最判昭42．9．29金融法務事情494号43頁）、相手方が善意・無過失のときには表見代理の保護を受けることができる（同法110条）。同意行為の場合は、適法な追認がなされない限り未成年者の行為を取り消すことができる。

親権者は、子の財産を管理し、その財産に関する法律行為を代表する（民法824条）。管理には処分も含まれる。したがって、財産を売却したり、担保に提供したり、子名義で借入をすることもできる。条文上は「代表する」と規定されているが実質は代理と変わらない。ところで、親権者が子を代理してその所有する不動産を第三者の債務の担保に提供した行為が代理権の濫用に当たるかどうかが争われた事件で、最高裁平成4年12月10日判決（金融法務事情1355号33頁）は「親権者に子を代理する権限を授与した法の趣旨に著しく反すると認められる特段の事情が存しない限り、代理権の濫用には当たらない」と判示している。

親権および未成年後見は未成年者の成年達成・婚姻により終了し、管理権も消滅する。

⒝　**取引の方式**

以下、親権の場合の取引を取り上げる。

代理行為の場合、以下のようになる。

住　　所	東京都新宿区南元町19
債 務 者	甲　野　太　郎（未成年者）
上記未成年につき	
住　　所	東京都新宿区南元町19
	親権者　　甲　野　一　郎　㊞
	親権者　　甲　野　花　子　㊞

同意行為の場合、以下のようになる。

令和　　年　　月　　日

同　　意　　書

○○銀行　御中

住　　　所　　東京都新宿区南元町19
債　務　者　　甲　野　太　郎（未成年者）
住　　　所　　東京都新宿区南元町19
親権者　　甲　野　一　郎　㊞
親権者　　甲　野　花　子　㊞

未成年者甲野太郎が、貴行との間で下記取引をすることに同意いたします。

記

1．令和　年　月　日付金銭消費貸借契約証書により、金5,000,000円を借り入れること

以上

b　成年被後見人との取引

(a)　成年被後見人の能力

成年被後見人とは、精神上の障害により事理を弁識する能力を欠く常況にある者で、家庭裁判所の後見開始審判を受けた者をいう（民法7条）。成年被後見人には成年後見人が付される（同法8条）。成年被後見人の法律行為は、常に取り消しうる。ただし、日用品の購入その他日常生活に関する行為はこの限りではない（同法9条）。

(b)　成年後見人

成年後見人は、成年被後見人の財産管理権および代理権を有する（民法859条）。また、成年後見人は、成年被後見人の生活・療養看護・財産の管理に関する事務を行うことになるが、この場合成年被後見人の意思・心身の状態・生活の状況に配慮しなくてはならない（同法858条）。成年後見人は、未成年者後見人と同様1人とは限らない（同法843条3項）。家庭裁判所は、複数の成年後見人については、共同でまたは事務を分掌して権限を行使すべきことを定めることができる（同法859条の2）。成年被後見人と取引をする場

合には、日常生活に関する取引を別として、常に成年後見人を代理人として行わなくてはならない。

成年後見人の法定代理権については、共同代理や分掌ということもありうるので、登記事項証明書により、成年後見人の氏名およびその代理権の内容と権限を確認し（後見登記等に関する法律4条1項7号）、その取引について代理権のある成年後見人と取引をしなくてはならない。

なお、成年後見人は、法人がなることもでき（民法843条4項）、この場合には法人の代表者が記名捺印することになる。

(c) 取引の方式

成年後見人の場合の取引は以下のようになる。

住　　所	東京都新宿区南元町19
債 務 者	甲　野　太　郎（成年被後見人）
住　　所	東京都新宿区南元町19
成年後見人	甲　野　花　子　㊞

c 被保佐人との取引

(a) 被保佐人の能力

被保佐人とは、精神上の障害により事理を弁識する能力が著しく不十分な者で、家庭裁判所の保佐開始の審判を受けた者をいう（民法11条）。被保佐人には、保佐人が付される（同法12条）。被保佐人の元本の領収、借財・保証、不動産その他重要な財産の権利の得喪等同法13条1項各号に掲げる行為については、保佐人の同意を得ることが必要である。ただし、日用品の購入その他日常生活に関する行為についてはこの限りではない（同項但書）。したがって、金融機関が融資取引、保証、担保提供などの取引をする場合は保佐人の同意を必要とする。ここに列挙されていない行為についても、家庭裁判所は保佐人の同意を要する旨の審判をすることができる（同条2項）。

保佐人の同意を必要とする行為について、被保佐人が保佐人の同意を得ずに行った行為について、被保佐人や保佐人はこれを取り消すことができる（民法13条4項、120条1項）。

(b) 保 佐 人

保佐開始審判において被保佐人には保佐人が付される（民法12条）。保佐人は、民法13条１項各号の行為および審判で定められた行為について同意権をもつ。また、保佐人が当然に代理権を有するものではないが、本人等の請求があると、家庭裁判所は特定の行為について保佐人に代理権を付与する審判をすることができる（同法876条の４第１項）。

保佐人が複数選任されうること、この場合の保佐人の事務（同意権・代理権）の共同行使または事務分掌がありうることは成年後見人と同様である（民法876条の２第２項による843条３項の準用、876条の５第２項による859条の２の準用）。

法人が保佐人になりうること（民法876条の２第２項による843条４項の準用）も成年後見人と同様である。

(c) 取引の方式

登記事項証明書により保佐人の同意権や代理権の範囲を確認のうえ、同意による取引を行うのか、代理による取引を行うのかを決めて、取引をすることになる。

同意書の例は以下のとおり。

> 令和　　年　　月　　日
>
> 同　　意　　書
>
> ○○銀行　御中
>
> 保佐人
>
> 住所　東京都新宿区南元町19
>
> 氏名　甲　野　花　子　　㊞
>
> 被保佐人甲野太郎が貴行との間で下記の行為をすることに同意いたします。
>
> 記
>
> (1)　証書貸付の方法により金1,000万円を借り受けること
>
> (2)　前項の担保として、次の不動産に抵当権を設定すること

d　被補助人との取引

(a)　被補助人の能力

被補助人とは、精神上の障害により事理を弁識する能力が不十分な者で、家庭裁判所の補助開始審判を受けた者をいう（民法15条1項）。被補助人には補助人が付され（同法16条）、審判では、被補助人の特定の法律行為（同法13条1項に規定する行為の一部）について補助人の同意を要する旨を定めることができる（同法17条1項）。補助人の同意を要する行為について、被補助人が補助人の同意なくして行った場合は、被補助人や補助人がこれを取り消すことができる（同条4項、120条1項）。

(b)　補 助 人

補助開始審判において、被補助人には補助人が付される（民法16条）。補助人は、審判で定められた特定の行為について同意権をもつ。

保佐人と同様、本人等の請求により家庭裁判所は特定の行為について補助人に代理権を付与する審判をすることができる（民法876条の9第1項）。また、補助人が複数選任されうること、この場合の補助人の事務（同意権・代理権）の共同行使または事務分掌がありうること、法人が補助人になりうること（同法876条の7第2項による843条3項・4項の準用、876条の10第1項による859条の2の準用）も保佐人と同様である。

(c)　取引の方式

金融機関との融資取引や保証、担保提供については、特定の法律行為として指定されるのが通例である。金融機関としては、登記事項証明書により補助人の同意権・代理権の範囲を確認のうえ、被補助人単独でなしうる行為か、同意による取引を行うか、代理による取引を行うかを決めて取引を行う。

e　制限行為能力者の居住用不動産への抵当権設定と家庭裁判所の許可

融資取引にあたり、制限行為能力者の所有する居住用不動産を担保取得する場合には、家庭裁判所の許可を必要とする場合があり、その許可がないと抵当権設定契約は無効になるため、融資取引にあたっては、家庭裁判所の許可審判がなされていることを審判書により確認する必要が生じる。成年後見人が、成年被後見人にかわって、その居住に供する建物またはその敷地について、売却、賃貸、賃貸借の解除または抵当権の設定その他これらに準ずる処分をするには、家庭裁判所の許可を得なくてはならない（民法859条の３）。保佐人や補助人が、代理権の付与を受けて被保佐人や被補助人を代表して、居住用不動産に抵当権を設定する場合も同様である（同法876条２項、876条の10第１項）。制限行為能力者に利益相反が生じる場合における後見監督人、保佐監督人、補助監督人の代理行為についても、民法859条の３が準用になる（同法852条、876条の３第２項、876条の８第２項）。保佐人や補助人の同意を要する場合は、家庭裁判所の許可は不要である。

f　任意後見人との取引

委任者が受任者に対して、委任者の事理の弁識能力が不十分な状態になることに備え、そのようなときにおける生活、療養看護、財産の管理に関する事務の全部または一部を委託し、それに関する代理権を付与する契約を任意後見契約という（任意後見契約に関する法律２条１項）。任意後見契約は、本人が事理を弁識する能力が不十分な状況にあるときに、当事者（本人・配偶者・任意後見受任者）の申立てにより家庭裁判所が任意後見監督人を選任した時から効力が生じる（同法４条１項）。

任意後見契約の効力が生じた場合には、登記事項証明書により委任者・任意後見人・任意後見監督人・任意後見人の代理権の範囲等を確認のうえ、取引を行う。任意後見人は法人もなることができ、複数の選任も可能であって、その場合の共同または事務分掌による代理とすることもできる（任意後見契約に関する法律４条５項、７条４項による民法843条４項、859条の２の準用）。

4　利益相反行為

⑴　制限行為能力者と利益相反行為

制限行為能力者のために親権者・未成年後見人・成年後見人・保佐人・補助人が行う代理行為や同意行為が制限行為能力者の利益と相反する場合は、これらの行為を行うことはできない。利益相反行為は、制限行為能力者本人と親権者・未成年後見人・成年後見人・保佐人・補助人が法律行為の当事者として対立する場合（直接取引）だけではなく、広く制限行為能力者と第三者間の行為においても、本人のためには不利益で、親権者・未成年後見人・成年後見人・保佐人・補助人のために利益となる場合（間接取引）も含まれる。

a　未成年者と親権者・後見人

親権を行う父または母と未成年者との利益が相反する行為を行う場合には、親権を行う者は、未成年者のために特別代理人を家庭裁判所に請求しなければならない（民法826条）。なお、親権者が父母両名で、うち一方が未成年者と利益相反を生じる場合には、他の一方のみによる親権の行使はできず、利益相反を生じる親権者の特別代理人と利益相反を生じない親権者が共同して代理権・同意権を行使する（最判昭35．2．25民集14巻2号279頁）。

同一親権者の親権に服する未成年者が数人あり、親権者と未成年者間および未成年者相互間において利益相反が生じる場合には、未成年者1人ごとに人格の異なる特別代理人をそれぞれ選任することが必要であり、数人の未成年者全員のために1人の特別代理人を選任し、代理させることはできない。

未成年後見人と未成年者との利益が相反する場合には、特別代理人の選任を家庭裁判所に請求しなければならない。ただし、後見監督人が置かれている場合は、後見監督人が未成年者を代理する（民法860条、826条、851条4号）。なお、特別代理人は、特定の法律行為について個別に選任され、その任務は選任の目的である個々の行為の完了により終了し、その資格も同時に消滅する。

b　成年被後見人と成年後見人

家庭裁判所が選任した特別代理人が成年被後見人を代理する（民法860条本文）。ただし、成年後見監督人が選任されている場合は、成年後見監督人が成年被後見人を代理する（同条但書、851条4号）。

c　被保佐人と保佐人

家庭裁判所が選任した臨時保佐人が被保佐人を代理し、または同意を与える（民法876条の2第3項本文）。ただし、保佐監督人が選任されている場合は、保佐監督人が被保佐人を代理し、または同意を与える（同項但書、876条の3第2項、851条4号）。

d　被補助人と補助人

家庭裁判所が選任した臨時補助人が被補助人を代理し、または同意を与える（民法876条の7第3項本文）。ただし、補助監督人が選任されている場合は、補助監督人が被補助人を代理し、または同意を与える（同項但書、876条の8第2項、851条4号）。

e　委任者と任意後見人

任意後見人と委任者との利益が相反する行為については、任意後見監督人が委任者を代理する（任意後見契約に関する法律7条1項4号）。

⑵　利益相反の判断基準

利益相反行為であるかどうかはもっぱらその行為の外形で決せられ、親権者・未成年後見人・成年後見人・保佐人・補助人の意図やその行為の実質的効果から判定されるものではない（最判昭42.4.18金融法務事情478号32頁、同昭49.9.27金融法務事情736号26頁）。したがって、親権者が債務者となり借入を行うにあたり、未成年者所有の不動産に抵当権を設定することは、借入金を未成年者の養育費に充当する意図であったとしても利益相反行為に当たる（最判昭37.10.2民集16巻10号2059頁）。

判例・法務省先例に現れた具体例をいくつか紹介する。

a　利益相反に該当するケース

利益相反に該当するとされた主なケースは以下のとおり。

① 親権者が共同相続人である数人の子を代理して遺産分割協議をする場合（最判昭48.4.24家庭裁判月報25巻9号80頁、最判昭49.7.22家庭裁判月報27巻2号69頁）

② 親権者と未成年者の子が連帯債務を負担する場合（大判昭8.10.24新報344号9頁）

③ 親権者が子を代理して、親権者が第三者に対して負担する債務を保証する場合（大判昭11.8.7民集15巻1630頁）

④ 親権者が第三者の金銭債務について自ら連帯保証人となるととも

に、子の代理人として右債務を担保するため子の所有する不動産に抵当権を設定する場合（最判昭45.12.18金融法務事情603号16頁）

⑤　親権者が第三者の金銭債務について自ら連帯保証人となるとともに、子の代理人として右債務を担保するため連帯保証し、かつ子と共有する不動産に抵当権を設定する場合（最判昭43.10.8金融法務事情531号31頁）

⑥　親権者の債務について債務者の交替による更改をして子を債務者とする場合（大判大4.7.28刑録21巻1170頁）

⑦　家庭裁判所が選任した特別代理人が、子が担保提供したのと同一の債務について連帯保証人になっていた場合（最判昭57.11.26金融法務事情1040号42頁）

b　利益相反に該当しないケース

法務省の先例では次の場合には利益相反にならないとしているが、①②はむしろ利益相反に該当するのではないかとも思われる。見解が分かれる場合は、実務的には利益相反に当たると考えて処理するのが妥当である。

①　法人の代表者である親権者がその法人の債務を担保するため、未成年者所有の不動産に抵当権を設定する場合（法務省昭36.5.10民事甲第1042号民事局長通達）

②　第三者の債務の担保として、親権者とその親権に服する未成年者の子がともに物上保証人となる場合（法務省昭37.10.9民事甲第2819号民事局長通達）

③　親権者が未成年者の法定代理人として未成年者の債務を担保するため、未成年者所有の不動産に抵当権を設定する場合（前掲最判昭37.10.2）

なお、法務省先例によれば利益相反に該当しない場合であっても、家庭裁判所で特別代理人が選任された場合には、その審判は当然には無効でなく、特別代理人によってなされた物上保証契約に基づく抵当権設定の登記申請は受理してさしつかえないものとされている（前掲法務省昭37.10.9）。

⑶　違反の効果

特別代理人の選任を要するにもかかわらず、これを行わずになした行為は無権代理行為となる。子が成年に達したのちその追認がなければ本人に効力が及ばない（最判昭46．4．20金融法務事情620号52頁）。子が追認を拒絶した場合には、無権代理人の責任を追及するしかない（民法117条）。

5　外 国 人

⑴　外国人であることの確認

従来外国人は、上陸を許可された後、居住する市町村で外国人登録法に基づく外国人登録を行い、市町村が交付する外国人登録原票の記載事項証明書により、当該外国人の国籍確認、住所・居住地確認を行っていた。しかし平成21年7月15日、出入国管理及び難民認定法や住民基本台帳法等の大改正が行われ、外国人登録制度が廃止されるとともに在留カード制度が導入され、また、外国人住民についても、日本人と同様に、住民基本台帳の対象に加えることになった。この改正法は平成24年7月9日から施行されている。在留カードは、中長期在留外国人に対して交付され（出入国管理及び難民認定法19条の3）、在留カードには、写真のほか、氏名、生年月日、性別、国籍、住居地、在留資格、在留期間、在留期間満了日、許可の種類および年月日、在留カードの番号、交付年月日、有効期間満了日、就労制限の有無等の情報が記載される（同法19条の4）。外国人住民については、①中長期在留者（在留カードの交付対象者）、②特別永住者、③一時庇護許可者または仮滞在許可者、④出生による経過滞在者または国籍喪失による経過滞在者であって市町村の区域内に住所を有するものが、住民票作成の対象となる（住民基本台帳法30条の45）。外国人住民の住民票記載事項は、戸籍情報等一部を除いて日本人住民の住民票と同様の事項が記載されるが、外国人特有の事項として、①国籍、②外国人住民となった年月日、中長期滞在者については、③在留カードに記載されている在留資格、④在留期間、⑤在留期間満了日、⑥在留カードの番号も記載される。また、外国人住民については、住民基本台帳ネットワークシステムや住民基本台帳カードの適用対象になり、印鑑登録を受けることもできる。

したがって、融資取引の相手方としての外国人については、外国人住民の住民票および印鑑登録証明書により本人確認を行うことになる。ただし、サインによる場合には、領事館発行のサイン証明書により、筆跡をチェックして本人の確認を行う。また、住民基本台帳に記載のない外国人については、在留カードにより、在留カードが交付されない短期滞在外国人については、パスポートや短期滞在ビザにより本人確認を行い、あわせてサイン証明書の交付を受けて取引を行うことになる。

(2) 外国人の権利能力・行為能力

外国人は、法令または条約の規定により禁止される場合を除いて私権を享有する（民法３条２項)。これは外国人の権利能力に関する規定である。

外国人の行為能力については、法の適用に関する通則法（以下「適用通則法」という）４条１項が「人の行為能力は、その本国法によって定める」と規定し、本国法により定まるのが原則であるが、外国人が本国法によれば行為能力の制限を受ける場合であっても、行為地法では行為能力者である場合において、行為当時そのすべての当事者が法を同じくする地にあったときは行為能力者とみなされる（同条２項)。ただし、親族法・相続法の規定によるべき法律行為および行為地と法を異にする地にある不動産に関する法律行為についてはこの限りではない（同条３項)。

a 未成年者

日本にいる外国人が本国法によれば未成年者であるとされても、日本において成年と認められる場合は、日本の金融機関と締結する融資契約においては行為能力の制限は受けない（適用通則法４条２項)。

b 成年後見・保佐・補助

日本に住所、居所を有する外国人については、日本の裁判所において日本法により成年後見開始、保佐開始、補助開始の審判がなされる（適用通則法５条)。後見の内容に関する準拠法は、被後見人等の本国法によるのが原則であるが、日本において当該外国人について後見開始の審判等があった場合や、本国法によれば後見等が開始する原因がある場合であって日本における後見等の事務を行う者がないときは、日本法が準拠法になる（同法35条）。

⑶　外国人との融資取引における留意点

a　準拠法の選択

適用通則法７条は、法律行為の成立および効力について、当事者の準拠法選択を認めている。したがって外国人と融資契約を締結する場合には、準拠法を日本法によるものとしておくべきである。英文契約書を用いる場合にも、正本は日本語による契約書であることを定めておくべきである。

もっとも、実際の銀行実務においては、このような明確な準拠法選択がされていない場合があり（その場合でも、黙示の選択がされているという考え方はありうるが、疑義が生じないよう明確に定めておくべきである）、選択がなされていない場合には、当該法律行為の最密接関係地法（不動産を目的物とする法律行為については不動産の所在地法、特徴的な給付を当事者の一方のみが行うものであるときはその給付を行う当事者の常居所地法）が準拠法となる（適用通則法８条各項参照）。

また、外国人との消費者契約においては、準拠法を日本法と定めても、その外国人の常居所地法に強行規定があると、その規定も重畳的に適用されることになる（適用通則法11条１項）。ただし、外国人が日本に来て日本にある金融機関と消費者契約を締結する場合は、能動的消費者として原則として適用通則法11条１項の規定が排除される（同条６項）。

b　外国人の相続開始

外国人について相続が開始した場合、相続・遺言等は外国人の本国法によるものとされている（適用通則法36条、37条）。したがって、相続人・相続財産の範囲等の確定も含め本国法の調査が必要になる。なお、本国法に従えば相続や遺言が日本法によるべき場合、日本法によることとされているため（反致、適用通則法41条）、調査の結果、日本の民法が適用される場合もありうる。調査の結果、相続の準拠法が確定したとしても、相続人や相続財産の範囲等の具体的な内容は各国の法律ごとに大きな差があり、一律に理解することはできない。たとえば、包括承継主義（相続財産および相続債務を含めた被相続人の財産すべてが相続人に包括的に承継される）を採用する日本や大陸法系の国と異なり、管理清算主義（相続財産がいったん人格代表者に帰属して、債務を含めて管理・清算された後に残った財産のみが相続人に分配・移転する）を採用する英米法系の国においては相続人は債務を承継せず、また、中国のように、限定的な承継主義（相続人は遺産で弁済できない相続債務を弁済する義務を負わない）を採用する国もある。

次に、相続人を具体的に特定するための親族関係等の調査が必要になるが、日本のような戸籍制度がない国が多いことにも留意が必要である。これらは国ごとに差異があり一律に理解することができるものではないことから、実務上は、必要に応じ、当該国の在日公館や専門の外国法弁護士等に確認することが考えられる。この過程で相続人の協力が得られればよいが、一般論として、預金のような積極財産の相続に関しては、相続人の協力が得られやすいと考えられる一方、借入のような消極財産の相続に関しては協力が得られない可能性もある。また、外国からの資料等の受入れ・取寄せが発生するケースや相続人が外国にいるケースも多いであろうし、特に英語圏以外の場合は言語の問題もある。

以上のとおり、外国籍の顧客に相続が発生した場合、その対応には労力を要し、国籍によっては相続調査には限界があり、困難を伴う。貸出を検討する場合は、これらを十分考慮したうえで、検討を行う必要がある。

c　外国人の倒産

外国人の日本における倒産については、現在の倒産法制は、内外人完全平等主義が図られているから、日本人と同様に考えればよい（破産法３条、民事再生法３条）。他方で、外国人の外国における倒産については、当該外国の倒産手続の日本における効力の問題となり、外国倒産処理手続の承認援助に関する法律をふまえ、その効力を検討することになる。

6　相　　続

自然人の権利能力は死亡により消滅し、相続が開始する（民法882条）。そして、被相続人に属していた権利義務は一身専属のものを除き、限定承認・相続放棄のない限り相続人に承継される。

⑴　相続人・法定相続分

a　相続人の範囲

被相続人の子（第１順位）が相続人となる（民法887条１項）。子がいない場合は直系尊属（父母・祖父母等：第２順位）が相続人となる（同法889条１項１号）。子も直系尊属もいない場合は兄弟姉妹（第３順位）が相続人となる（同法889条１項２号）。相続人が複数いるときは共同相続の関係になる（同法898条、899条）。被相続人の配偶者は常に相続人となる（同法890条）。配偶者は戸籍に記載されていることを要し、内縁関係の者は除外される。

第１順位の相続人である子には、実子と養子が含まれる。特別養子を除いて養子は養親だけでなく実親の相続人となる。また、胎児も相続に関する限り生まれたものとみなされる（民法886条１項）。ただし、胎児が死体で生まれてきたときは相続権はない（同条２項）。第２順位の相続人は直系尊属であり、直系尊属のなかでは親等の近い者が相続人となる（同法889条１項１号）。たとえば父と祖父がいる場合は父が相続人となる。相続人となるべき地位にあっても、欠格（同法891条）、廃除（同法892条）に該当する場合には相続人となれない（同法887条２項、同条３項、同法889条２項参照）。

また、相続人となるべき子または兄弟姉妹が、欠格・廃除により相続権を有しない場合や相続開始前に死亡している場合で、その者に子があるときには、その者と同一順位で相続することになる（民法887条２項）。これを代襲相続という。子（第１順位）についての代襲相続は、その者の子・孫以降にも及ぶが（同条３項）、兄弟姉妹（第３順位）の代襲相続はその者の子（被相続人からみれば甥・姪）の一代限りである（同法889条２項は同法887条２項のみを準用し、同条３項を準用していない）。

b　法定相続分

共同相続の場合、相続分は被相続人が遺言によって定める指定相続分と、指定がない場合に民法により定められている法定相続分とがある。

① 配偶者と子が相続人の場合

- ○　配偶者２分の１、子２分の１（民法900条１号）
- ○　配偶者がいない場合は、子が全部相続する。

② 配偶者と直系尊属の場合

○ 配偶者３分の２、直系尊属３分の１（民法900条２号）

○ 配偶者がいない場合は、直系尊属が全部相続する。

③ 配偶者と兄弟姉妹の場合

○ 配偶者４分の３、兄弟姉妹４分の１（民法900条３号）

○ 配偶者がいない場合は、兄弟姉妹が全部相続する。

④ 子、直系尊属、兄弟姉妹がなく、代襲相続人がいない場合

○ 配偶者が全部相続する。

⑤ 子、直系尊属、兄弟姉妹が数人いる場合、各自の相続分は同じであり相続分を均等に分割する。ただし、兄弟姉妹のうち被相続人と父または母のいずれか一方のみを同じくする者の相続分は、父母を同じくする他の兄弟姉妹の相続分の２分の１である（民法900条４号）。なお、非嫡出子と嫡出子との相続分は、平成25年の民法改正により平等になった。

⑥ 代襲相続人の相続分は被代襲相続人の相続分と同じである（民法901条）。

民法900条の法定相続分をまとめると、図表２－１のとおり。

図表２－１　民法900条の法定相続分

相続人＼他の相続人	配偶者（常に相続人）	子（第１順位）	直系尊属（第２順位）	兄弟姉妹（第３順位）
配偶者（常に相続人）		２分の１（１号）	３分の２（２号）	４分の３（３号）
子（第１順位）	２分の１（１号）	均等分割（４号）		
直系尊属（第２順位）	３分の１（２号）		均等分割（４号）	
兄弟姉妹（第３順位）	４分の１（３号）			均等分割（４号（注））

（注） ただし、父母一方のみ同じ場合、父母双方が同じ兄弟姉妹の２分の１。

c　相続の承認・放棄

相続の開始により被相続人の権利義務は相続人に承継されることになる（民法896条）が、相続財産は、プラスのものばかりではなくマイナスのものを含む。相続財産が当然に相続人に承継されるとすれば、相続人に思わぬ負担を課す結果となる場合も生じる。そこで、民法は、相続人は自らの意思により相続の効果を確定させるか否認するか選択できることを認めた。つまり、相続人は相続人自身のために相続の開始があったことを知ってから３カ月以内に家庭裁判所に申述して、相続財産の承継を拒否することができる（同法915条１項、938条）。これを相続放棄という。相続の放棄により、その相続人は初めから相続人とならなかったことになる（同法939条）。相続放棄は各相続人が単独で行うことができる。なお、相続放棄した者に子があっても代襲相続は認められない。

相続財産のなかでプラスの財産が多いのか、マイナスの財産が多いのか不明の場合には、相続すべきかどうか迷う場合がある。このような場合に、被相続人の債務や遺贈を相続によって得た財産の範囲内で弁済すればよいことを認めたのが限定承認である（民法922条）。限定承認は、相続人自身のために相続の開始があったことを知ってから３カ月以内に相続人全員が共同して家庭裁判所に申述しなければならない（同法923条、924条）。限定承認がされると相続財産の管理権は、相続人から家庭裁判所が相続人のなかから選任した相続財産管理人に移転する。

このように相続人は、３カ月の法定期間内であれば相続の放棄や限定承認をすることができ、この期間は相続財産を調査して対応を考える熟慮期間と呼ばれている。熟慮期間の起算点は、相続人が相続財産の全部または一部の存在を認識した時または通常これを認識しうべき時というのが判例の立場である（最判昭59．４．27金融法務事情1060号13頁）。共同相続人の場合は、各相続人につき別々に起算する。

相続放棄も限定承認もしなかったときや相続財産を消費するなどしたときは、全面的に相続を承認したことになる（民法921条、法定単純承認）。単純承認した場合には、被相続人の権利義務を無限定に承継するので、マイナスの財産が多い場合には相続人固有の財産をもって弁済しなければならない。

d　遺産分割

共同相続の場合、相続財産は遺産分割協議が行われるまで共有となる。そして、遺産分割の効力は第三者の権利を害さない限り相続開始時に遡及する(民法909条)。この点、金銭債権のような可分債権は共有とはならず法律上当然分割され、各共同相続人がその相続分に応じて権利を承継する（最判昭29．4．8民集8巻4号819頁）が、（最大決平28.12.19民集70巻8号2121頁により）預金債権（普通預金債権、通常貯金債権および定期預金債権）は、相続開始と同時に当然に相続分に応じて分割されることはなく、遺産分割の対象となるとされた。これを受け、銀行実務においては、一部の相続人から法定相続分の預金払戻請求があっても、原則として遺産分割の内容が確認できるまでは払戻しに応じないとする取扱いとなっている。ただし、民法909条の2において、相続開始時の債権額の3分の1に法定相続分を乗じた額(150万円を限度とする（民法第909条の2に規定する法務省令で定める額を定める省令)）については、遺産分割前の預貯金債権の単独行使が認められることには留意が必要である。

e　遺言・遺言執行者

満15歳に達した者は遺言をすることができる（民法961条)。制限行為能力者の法律行為の制限に関する規定（同法5条、9条、13条、17条）は遺言については適用されない（同法962条)。被相続人は遺言により、相続財産を遺贈することも、相続分を指定することも、相続人に対して遺産の分割方法の指定をすることもできる。また、遺言どおりの相続を行わせるために遺言執行者を指定することもできる。遺言執行者は、相続人の代理人とみなされ(同法1015条)、相続財産の管理その他遺言の執行に必要ないっさいの行為をする権利義務を有する（同法1012条)。そして遺言執行者がある場合、相続人は相続財産の処分その他遺言の執行を妨げるべき行為をすることができない（同法1013条)。ただし遺言執行者の権限は「遺言の執行」の範囲内であり、遺言に記載されていない財産の管理や執行はできない。また借入金債務は相続開始時に各相続人の相続分に応じて当然に分割承継されることから

「遺言の執行」の対象とならない。したがって、相続債務に関して遺言執行者はなんらの権限も有しないので、債権者は相続人を相手に交渉しなければならない。なお、遺贈のうち、「財産の２分の１を○○に与える」というようにに財産を特定しない遺贈を包括遺贈というが、包括遺贈の受遺者は相続人と同一の権利義務を有する（同法990条）。

⑵　相続と融資取引

借入金は金銭債務であり可分債務である。したがって、相続開始の時に各相続人の相続分に応じて当然に分割承継され、かつ各相続人が承継した債務には相互に連帯関係はない。また、相続人間で遺産分割を行い法定相続分以外の承継方法を定めても債権者である金融機関の同意がない限り金融機関には対抗できない。債務者が死亡した場合には、戸籍簿謄本等により相続人を確認し、だれにいくらの債務が承継されているのかを確認することが手続の第一段階である。

a　単純承認の場合

被相続人の債務は、共同相続人に法定相続分に従い分割承継されているので、返済は各相続人から受けることになる。しかし、金融機関の管理負担を考えれば相続人の１人に集中させることが望ましい。方法としては、一般に次のようなことが行われている。

①　相続人中の１人に免責的債務引受をさせて、他の相続人を連帯保証人とする。ただし、担保との関係で債務引受は「銀行取引」に含まれないと考えられているので、物的担保・人的担保とも被担保債権の追加的変更や同意などを得ておくことが必要である。

②　相続人中の１人に重畳的債務引受をさせる。

b　相続放棄の場合

共同相続人のうち相続放棄をした者は、相続開始の時から相続人でなかったことになるので、その相続人を除外して相続手続を行う。全員が相続放棄をした場合は相続人不存在となり、相続財産は法人となり（民法951条）、相続財産管理人が選任され清算手続が行われる（同法952条以下）。

相続放棄があった場合は、法定の放棄手続がとられているかどうか、相続財産の隠匿や消費がされていないかどうかを調査し、単純承認になっていないことを確認する。なお、相続財産上に設定されている担保権、あるいは第三者が提供している担保権や保証には影響がない。

相続人が被相続人の保証人となっている場合、相続放棄をしても保証人としての責任にはなんら影響しない。

c　限定承認の場合

共同相続の場合には共同相続人全員でなければ限定承認をすることができない（民法923条）。限定承認があった場合には、法定の限定承認手続がとられているかどうかを確認する。有効に限定承認手続がされている場合には、いっさいの相続債権者および受遺者は、単独相続のときは相続人に、共同相続のときは家庭裁判所が選任した財産管理人に対して届出期間内に債権届出をしなければならない。請求の申出をすべき旨はあらかじめ公告され、知れたる債権者には催告がされる（同法927条）。債権届により相続債務を確定し、相続財産の換価処分等を行い、その価格から債権者・受遺者に配当を実施する。なお、債権者が弁済を受けた後でなければ、受遺者は弁済を受けることができない（同法931条）。債権者、受遺者が届出期間内に債権届出をしないと届出債権者や知れたる債権者に劣後する（同法935条）。もっとも、限定承認がなされても相続財産上に設定されている担保権には影響はないので、債権届出を失念しても担保権の実行は可能である。また、第三者が提供している担保権や保証にはなんら影響がない。

d　相続放棄や限定承認の有無の確認方法

相続放棄や限定承認は、家事事件手続法別表１の審判事件であり、相続人が家庭裁判所に対し、その旨の申述をすることにより行う（民法924条、938条）。

相続放棄の申述が受理されると、家庭裁判所は、申述人に対して、相続放棄申述受理通知書を交付ないし送付するのが通例であり、また、申述人の申請により相続放棄申述受理証明書が交付される。したがって、債権者は申述人からこれら受理通知書ないし受理証明書を示してもらうことにより相続放棄がされていることを確認することになる。

申述人からの協力が得られない場合、金融機関は、利害関係人であることを疎明して家庭裁判所の許可を得た場合に、一定の起算日から3カ月の間に相続放棄の申述の有無を照会することができ（家事事件手続法47条1項）、相続登記未了の不動産について競売を申し立てるにあたり、代位による相続登記をするためにこの証明書を利用することがある。もっともこの証明は行政証明とされ、受理証明のような証明力はない。

限定承認の場合は、限定承認がなされると、限定承認者ないし相続財産管理人により管理・清算がなされ、前記のとおり、債権者への公告・催告、債権届出と手続が進むため、受理証明書等による確認の必要性は少ないが、申述人の協力が得られない場合には、相続放棄の場合と同様利害関係があることを疎明して家庭裁判所に限定承認の申述の有無を照会し、その回答を得ることもできる。

⑶ 相続と保証・担保

a 保証債務

特定の金銭債務の保証人が死亡した場合、保証債務は、その相続人に、法定相続分に応じて分割承継される。主たる債務者が死亡した場合、金銭債務は、主たる債務者の相続人に法定相続分に応じて分割承継され、保証人はそれぞれ分割承継された金銭債務を保証することになる。

b 根保証

根保証のうち、被保証債務に金銭の貸渡しまたは手形の割引により負担する債務が含まれ、個人を保証人とするものを民法上貸金等根保証というが、元本確定前に主たる債務者または貸金等根保証人が死亡した場合は、元本確定期日前であっても、主たる債務の元本は確定するものとされている（民法465条の4第3号）。したがって、元本確定後に新たに貸付を行うにあたっては、新たな保証契約を締結する等の対応が必要になる。

c 普通抵当権

普通抵当権において、抵当権設定者兼債務者が死亡した場合、抵当権の効力に特段の問題は生じない。債権者として、相続人間の遺産分割ないし債務引受に協力できるのであれば、協力して、抵当権の債務者変更登記手続をすることになる。物上保証人の死亡においては、債務承継の問題は生じず、物的な責任の地位承継にすぎないから影響は少ないが、競売をする場合には、債権者代位権に基づき、相続を原因とする所有権移転の代位登記をする必要がある。

d 根抵当権

元本確定前に根抵当権設定者兼債務者が死亡した場合は、相続開始後6カ月以内に特定の相続人を相続開始後の債務者と定める合意を登記しなければ、根抵当権の元本は確定する（民法398条の8第2項・4項）。物上保証人の死亡は根抵当権の元本を確定させることはない。

⑷ 外国人の相続

本節5⑶bのとおり。

第3節　法　　人

法人とは、一定の組織を有する個人の団体、または一定の目的のために捧げられた財産について、権利能力（法人格）が付与された存在のことであり、権利・義務の主体となることが認められている。法人は権利能力の範囲内で、法人の名義で契約を締結し、それによって生じた権利義務を法人に帰属させることができる。日本において法人格を取得するためには、法律上の根拠が必要となる（民法33条）。

法人は、その形態に応じて、一定の組織を有する個人の団体に権利能力を付与されたものである社団法人と、一定の目的のために捧げられた財産に権利能力を付与されたものである財団法人とに分類される。

法人との取引を考えるにあたっては、次のことを理解しておくことが必要である。

1　法人との取引をするにあたっての基本的留意事項

⑴　目的による制限

「法人は、法令の規定に従い、定款その他の基本約款で定められた目的の範囲内において権利を有し、義務を負う」（民法34条）と規定されている。この「目的の範囲」による制限がどのような意味をもつかという点については、法人の権利能力を制限するものであるとする権利能力制限説や、法人の権利能力を制限するものでなく行為能力のみが制限されるとする行為能力制限説など、さまざまな学説が存在する。しかし、融資実務においては、法人の取引権限は、目的により制限されるという程度の理解をすればよい。

判例は営利法人の一つである株式会社については、定款に明示された目的を遂行するうえで直接または間接に必要な行為も目的の範囲内の行為であるとし（八幡製鉄政治献金事件。最判昭45．6．24金融法務事情585号16頁）、目的の範囲を広く認めていることもあり、営利法人と融資取引をする場合に、当該行為が営利法人の目的の範囲内であるかどうかを考える実益はあまりない。

しかし、非営利法人については、営利を目的としないという意味で目的の範囲は広くなく、営利法人の場合と比較して、目的の範囲を厳格に解すべきとする見解も有力であり、このような法人と取引をする場合には、当該契約が、定款等に定められた目的の範囲内であることを確認して取引をする必要がある。そのため、特に非営利法人から保証や担保提供を受ける場合は、それが当該法人の目的遂行のために具体的にどのような必要性があるかを確認する必要があり、仮に非営利法人との取引が客観的に目的の範囲外の行為と認定されれば、当該取引は法人の行為としては無効になるので注意が必要である。

⑵　法人を代表する者

法人と取引をするといっても、実際には代表権を有する人間と取引をすることとなるため、だれが代表権を有するかを確認したうえで取引をしなければならない。

たとえば一般社団法人においては、理事会設置法人の場合は、代表理事の選定が必須であり（一般社団法人及び一般財団法人に関する法律（以下「一般法人法」という）90条３項）、代表理事が法人を代表する（同法77条４項）が、理事会非設置法人では、代表理事の選定が必須ではなく、代表理事が設置されている場合には代表理事が、設置されていなければ各理事が法人を代表することになる（同条１項～３項）。

株式会社においても、取締役会設置会社では、代表取締役の選定は必須であり（会社法362条３項）、この場合は代表取締役（委員会設置会社では代表執行役）が会社を代表する（同法349条４項、420条３項）が、取締役会非設置会社で、代表取締役を選定しない会社の場合は各取締役が会社を代表する（同法349条１項本文）。したがって、法人の代表者がだれであるかは、当該法人がどのような機関設計をしているかにより異なることになる。そして、機関設計は定款に定められている以上（同法326条２項）、当該法人がどのような機関設計をしているかを把握するためには、当該法人の定款等による確認が必要となる。

もっとも代表理事・理事・理事会設置法人・代表取締役・取締役・取締役会設置会社・指名委員会等設置会社・執行役・代表執行役は登記事項である（一般法人法301条２項５号～７号、303条、会社法911条３項13号～15号・23号、915条１項）から、登記事項証明書により、機関設計および代表権を有する者の確認ができる。ほとんどの法人はその設立根拠法や組合等登記令により、代表者の氏名・住所が登記されることになっているから、原則的には登記事項証明書を受け入れることで代表者の一定の情報は確認ができる。なお、令和６年施行の商業登記規則等の改正に伴って、基本的に、代表者の住所は、代表者の申出があれば、市区町村までの表示にとどめることが可能となっている。また、理事・評議員、経営管理委員、監事等代表権を有しない役員については、登記がされない場合も多い。

⑶　代表権の制限

代表機関の包括的な代表権について、法令や定款で制限が加えられる場合がある。

a　業務執行の決定に関する制限

たとえば取締役会設置会社においては、取締役会は業務執行の決定を行い（会社法362条２項１号）、代表取締役（または、取締役会で業務執行取締役として選定された者）が業務を執行する（同法363条１項）。そして、一定の重要事項、たとえば重要な財産の処分・譲受け、多額の借財等については、取締役会で決定しなければならず、その決定を取締役に委任することができない（同法362条４項）。さらに定款の定めにより、取締役会の法定権限事項を株主総会の決議事項とすることも可能である（同法295条２項）。

これらの法令や定款の定めに反して、代表取締役が第三者と取引をした場合の効力が問題になるが、会社法上取締役会決議を要する対外的取引行為（重要な財産の譲渡）を代表取締役が取締役会決議を経ずになした行為について、最高裁判所は、心裡留保と同様に考え、取引の相手方が取締役会決議を経ていないことを知り、または知りうべかりしときは無効になるものとしている（最判昭40．9．22金融法務事情425号11頁）。この判例に対しては過失ある相手方が保護されない点で批判も多いが、法人と取引をするにあたっては、当該取引は法人内部のしかるべき業務決定手続を必要とする取引であるか否か、必要とする場合にはそのような手続を経ていることを確認したうえで取引をなすべきであるというのが、この判決を前提とした場合の留意点である。

b　利益相反取引

法人の業務執行にかかわる者と法人との利益が相反する場合が生じる。法人と代表者とが売買契約を締結する場合（直接取引）や法人の債務について、兼任している同一代表者による別法人が保証する場合（間接取引）のように、当該法人の利益と代表者ないし代表する法人との利益が相反するおそれが生じる。このようなときに、会社法をはじめとする法令においては、法人における一定の承認手続をとることを求めたり、代表者として契約をすることができないような制限を加えて、法人の利益が害されないような仕組みをつくっている。取締役会の承認手続を経ずに行われた利益相反取引の効力について、判例（最大判昭43.12.25民集22巻13号3511頁）は相対的無効説を採用し「会社は、その取引について、取締役会の承認を受けなかったことのほか、相手である第三者が悪意であること（注：取締役会の承認を経ていないことを知っていること）を主張・立証して初めて、その無効を相手方である第三者に主張しうる」とする。

このように、法令の手続を欠く利益相反取引の法人による無効の主張にあたっては、取引相手の悪意・重過失の主張・立証が必要とされるという意味で、前掲最高裁昭和40年９月22日判決の判例では取引相手の悪意・有過失の主張・立証が必要とされることと比較して、保護される相手方の主観的要件が異なることにも注意を要する。

c　確認方法

このような業務執行の決定手続や代表者の利益相反取引の場合の承認手続等は、非営利法人においても問題になり、基本的には各法人の設立根拠法により確認をするしかないが、非営利法人においては、代表者は登記されるものの、決定手続や承認手続を行う役員等については登記されていない場合がかなりある。このような場合には、定款、寄附行為、規約、役員選定手続書類、行政庁への届出書類等により手続をなすべき構成員（役員等）を確定し、当該手続がされていることを確認するのが、厳格な方法であるといえる。

ただし、これら確認手続については、営利法人・非営利法人を問わず、慎重な対応をすべき特段の事情がない限りは、当該法人の代表者から確認書（たとえば、取引内容が自社の目的の範囲内であり、会社法や社内規定に抵触しない旨の確認書）の提出を求めることで、法人内でとるべき手続が適法になされていると判断し、取引を行っている金融機関も見受けられる。

⑷　意思確認と印鑑届

法人の代表者による契約締結意思の確認は、もとより代表者自身と契約を締結することが可能であればよいが、会社の規模や業態によっては、そのような手続が困難であることもある。法人との取引においては、法人の代表者が登録している印鑑証明書の提出を受け、契約書に押捺されている印影の照合をして符合していることを確認することにより意思確認を行う。重要な書類や登記を必要とする契約書類については、法人の真正意思確認という意味から、このような手続が必須であるが、法人が金融機関と取引をする場合に使用する印鑑を届け出てもらい、その届出印による取引を行うことも通例的に行われている。届出印鑑と登録印鑑とが異なる場合には、印鑑届の受入れ時に登録印鑑の印鑑証明書の添付を受けて照合しておく必要がある。なお、与信取引においても、重要でない契約や取引においては、使用人の一定の職位を示す印鑑をもって足りるとするような扱いもありうる。

⑸　登記簿謄本による確認

法人との与信取引・担保提供取引・保証徴求取引を行う場合には、登記簿謄本ないし登記事項証明書の提供を受け、法人の実在性、目的、規模、組織、機関等の内容を調査し、取引の安全性を確保する必要がある。会社については、商業登記法に基づく商業登記簿謄本により、会社以外の法人についても各設立根拠法令や組合等登記令・独立行政法人等登記令等に基づく登記簿謄本により登記事項の確認をすることができる。商業登記にあっては、登記に一定の公示力、公信力が認められている（商法９条、会社法908条）が、会社に限らず法人の登記事項については、一定期間内に所定の登記をすべきことが義務づけられており、そこでは法人に関する必要な情報を公示することにより、法人に信用を与えて事業活動の円滑と安全に資する仕組みがつくられているものといえる。法人と取引をする立場からすれば、登記簿謄本を確認することにより、法人格の有無、権利能力、組織内容、機関、代理・代表関係の有無等を確認することができ、登記を通して取引の安全が図られるようになっているのである。また、会社法上は、第三者が正当な事由により退任の登記があることを知らなかった場合に限り、会社は責任を負うとされる（会社法908条１項後段）。ただし、代表取締役の退任の登記と民法112条（代理権消滅後の表見代理）との関係について、判例（最判昭49．３．22民集28巻２号368頁）は、会社法908条１項後段は民法の表見代理規定の特則であり、退任の登記をしたときは、その後にその者が会社の代表者として第三者とした取引について、たとえ第三者が代表取締役の退任について善意無過失であったとしても、同条の適用ないし類推適用の余地がないものとしており、社会福祉法人の理事の辞任登記についても同様に解されている（最判平６．４．19民集48巻３号922頁）。このように、法人と融資取引をする場合には、最新の登記簿謄本による確認作業が不可欠であると考えるべきである。なお、登記制度のない法人（たとえば土地区画整理法に基づく土地区画整理組合）もないわけではないから、この場合には、当該法人の根拠法や定款等の根本規則、公告等を確認してその機関設計や代表者、業務執行の決定方法および代表権の行使方法、使用印鑑の承認等必要な手続をとりながら取引を進めることになる。

⑹　インターネットでの確認

電気通信回線による登記情報の提供に関する法律に基づき、インターネットによる登記情報提供サービスの提供も行われている。したがって、登記所に行かずとも、インターネット上で、登記所が保有する法人の登記簿や商業登記簿謄本の情報を確認することも可能である。

(7) 電子契約の導入

近年、金融機関による法人との取引においても電子契約の導入が盛んであるが、電子契約の概要については本章第2節1(4)を参照されたい。

2 会社との取引

会社は、会社法に基づいて設立される営利法人である。会社法の定める会社には、株式会社・合同会社・合名会社・合資会社があり、従来の有限会社は取締役会非設置型株式会社として統合されるに至ったが、会社法施行時にすでに存在していた有限会社もその実質は維持され、特例有限会社として存続することができる。

判例（最判昭30.11.29民集9巻12号1886頁、同昭45.6.24金融法務事情585号16頁等）・通説は、取引秩序安定の要請から、営利法人の「目的の範囲」には、目的自体の行為だけではなく、目的達成に必要または有益な行為はすべて含まれるとしている。したがって、事業遂行のための金融機関からの借入やこれに伴う担保差入れは、そのこと自体が定款の目的として記載されていなくても、会社の目的の範囲内の行為と考えてさしつかえない。ただし、資産の流動化に関する法律に定める特定目的会社等ビークルと呼ばれるものは、特定事業以外に関する借入、担保提供、保証等は、権利能力の範囲外とされるおそれがあるから注意が必要である。

(1) 株式会社との取引

a 取引の相手方

会社法においては、当該会社の規模や特殊性に応じた柔軟・多様な機関設計が認められており、これに伴い、株式会社を相手方として取引をする場合にも、当該株式会社がどのような機関設計をしているのかをまずは確認しておく必要がある。取締役会設置会社・監査等委員会設置会社・指名委員会等設置会社であることについては、登記事項であるから、登記事項証明書の記載により確認でき、これらの記載がなければ、取締役会非設置会社である。

(a) 取締役会非設置会社

取締役は株主総会決議で選任される（会社法329条１項）。取締役は株式会社を代表し、取締役が２人以上ある場合は、取締役各自が株式会社を代表する（同法349条１項・２項）。会社の業務は、定款に別段の定めがある場合を除き、取締役の過半数をもって決定する（同法348条２項）。株式会社は、定款、定款に基づく取締役の互選または株主総会の決議によって取締役のなかから代表取締役を定めることができ（同法349条３項）、この場合には代表取締役が株式会社の業務に関するいっさいの行為をする権限を有する（同条４項）。

したがって、取締役会非設置会社と取引をする場合には、代表取締役が定められているときは代表取締役と取引をしなければならないが、代表取締役が定められていなければ取締役の１名と取引をすればよい。取締役会非設置会社であるかどうかは、定款によっても確認できるが、取締役会設置会社および監査等委員会設置会社についてはその旨が登記事項とされている（会社法911条３項15号・22号、915条１項）から、そのような登記がない以上は取締役会非設置会社と考えればよい。代表取締役についてはその氏名・住所（ただし、令和６年施行の商業登記規則等の改正に伴って、代表取締役が就任等の際に申出を行うことで、住所の登記は市区町村までの表示にとどめることが可能となった）が、取締役についてはその氏名が登記事項とされている（同法911条３項13号・14号、915条１項）。

(b) 取締役会設置会社

取締役会設置会社においては、代表取締役を選定しなければならない（会社法362条３項）。代表取締役は、会社の業務に関するいっさいの裁判上または裁判外の行為をする権限を有し、この権限に加えた制限は善意の第三者に対抗することができない（同法349条４項・５項）。取締役会設置会社と取引をするには、代表取締役を相手方とする。

そして、取締役会設置会社であることおよび代表取締役は登記事項である（会社法911条３項14号・15号）から、登記事項証明書によりその事実を確認し、代表取締役の印鑑証明書を徴求して取引を行う。なお、取締役会設置会社の業務執行の決定は、取締役会が行い（同法362条２項１号）、重要な財産の処分および譲受け、多額の借財その他の重要な業務執行の決定は取締役に委任することができない（同条４項）。

(c) 監査等委員会設置会社

監査等委員会設置会社は、取締役会設置会社であり（会社法327条１項３号）、取締役会は代表取締役を選定しなければならない（同法399条の13第３項）。監査等委員会設置会社を代表するのは代表取締役であり、業務執行の決定をするのは取締役会である。ただし、取締役の過半数が社外取締役である場合または定款の定めがある場合には、取締役会の決議により、法定のものを除く重要な業務執行の決定の全部または一部を取締役に委任することができる（同条５項・６項）。

(d) 指名委員会等設置会社

指名委員会等設置会社において、株式会社を代表する者は代表執行役である（会社法420条３項、349条４項）。ただし執行役が１名のときは、執行役が代表執行役に選定されたものとされる（同法420条１項）。指名委員会等設置会社であることおよび代表執行役は登記事項である（同法911条３項23号）から、登記事項証明書によりこれらを確認し、代表執行役の印鑑証明書を徴求して代表執行役と取引を行うことになる。

b 共同代表

従来、株式会社においては取締役会決議により、有限会社においては定款または社員総会決議により、数人の（代表）取締役が共同して会社を代表すべき旨を定めることができ、その定めは登記事項とされていたが、会社法においては、このような定めの登記制度を廃止した。よって、共同代表の制度は、取締役の代表権に対する単なる内部的制限にすぎないことになった。したがって、株式会社が共同代表制度を採用していても、これを善意の第三者には対抗できない（同法349条５項）。

共同執行役・共同支配人についても、同様に登記事項から削除されている。

c　重要な財産の処分・多額の借財等重要な業務執行の決定手続

(a)　取締役会非設置会社

取締役会非設置会社において、取締役が複数存在する会社にあっては、定款に別段の定めがある場合を除いて、業務執行の決定は取締役の過半数をもって行うべきものとされている（会社法348条２項)。したがって、業務執行の決定に関する定款の定めを確認し、定め（たとえば取締役の全員一致により決する、代表取締役が決する、株主総会決議による等）があればそれにより、定めがなければ取締役の過半数による決定がされていることを確認する必要がある。取締役１名の場合は確認の必要はない。

(b)　取締役会設置会社

取締役会設置会社においては、重要な財産の処分および譲受け（会社法362条４項１号)、多額の借財（同項２号）は取締役会において決定しなければならないものとされている。代表取締役が取締役会決議を経てすることを要する対外的取引行為を取締役会の決議を経ずにした場合は、相手方において決議を経ていないことを知りまたは知りうるときでない限りは有効であるとするのが判例（前掲最判昭40.９.22）である。この場合の取締役会決議の方法は、決議に加わることのできる取締役（決議について特別の利害関係を有する取締役は決議に加われない）の過半数（これを上回る割合を定款で定めた場合はその割合以上）が出席し、その過半数（これを上回る割合を定款で定めた場合はその割合以上）をもって行う（同法369条１項・２項)。取締役会設置会社と取引を行うにあたり、この取締役会決議を経ていることを確認するためには、厳格な対応として取締役会議事録を受け入れることや、そこまでは至らないとしても、確認書（たとえば取引内容が自社の目的の範囲内であり、会社法や社内規定に抵触しない旨の確認書）を受け入れるといった方法が考えられる（ただし、本節４(1)ｄ参照)。取締役会決議については書面決議によることができるようになった（同法370条）が、この場合でも同様である。ただし、電磁的方法により決議がされている場合には、たとえば、これを書面化してもらい、実際になされた取締役会決議の議事録であることに相違ないことを代表取締役に奥書してもらう実務上の工夫が必要となる場合も想定される。

なお、会社法は新たに、特別取締役による取締役会決議の採用を認めている。取締役が6人以上であり、取締役のうち1人以上が社外取締役である会社（監査等委員会設置会社は除く）にあっては、取締役会は3人以上の特別取締役を選定でき、この場合には、特別取締役による取締役会が同法362条4項1号・2号につき決議をする権限を有する（同法373条1項)。これは取締役会の決議要件（同法369条）の特則を定めたものである。この場合には、特別取締役による取締役会決議を議事録により確認することになる。特別取締役の制度は登記事項である（同法911条3項21号）から、特別取締役制度の採否・特別取締役の氏名、社外取締役であるか等は登記事項証明書により確認ができる。なお、特別取締役による取締役会においては、監査役も互選により定めた監査役のみが出席すれば足りる（同法383条1項但書)。

ところで、「重要な財産の処分」「多額」については、抽象的・相対的概念であって、その会社の資本金・営業規模・資産・経営に与える影響等からその該当性を個別・具体的に判断するしかない。金融機関は会社全体を熟知できる立場にないのであるから、基本的には会社の判断を尊重することになるものと思われる。会社によっては、取締役会決議を必要とする取引と必要としない取引の基準を内規により定めている場合がある。この場合には、内規基準も考慮して該当性を判断することになろう。裁判事例も少ないが、判例（最判平6.1.20金融法務事情1391号43頁）は、「重要な財産の処分」に当たるか否かについて「当該財産の価格、その会社の総資産に占める割合、当該財産の保有目的、処分行為の態様及び会社における従来の取扱い等の事情を総合的に考慮して判断すべきもの」と判示している。「多額の借財」に当たるかどうかの判断基準について、東京地裁平成9年3月17日判決（金融法務事情1479号57頁）も、前掲最判平成6年1月20日判決の基準を引用したうえ、資本金約128億円、総資産約1,936億円、負債約1,328億円、経常利益年間約40億円の株式会社が全額出資して設立された関連の株式会社において銀行取引約定を締結するに際し、限度額10億円として締結した保証予約は「多額の借財」に当たるとし、保証予約を無効であるとしている。

(c)　指名委員会等設置会社

指名委員会等設置会社の業務執行の決定は取締役会が行う（会社法416条1項1号）が、重要な財産の処分および譲受け、多額の借財など業務執行の決定権限を執行役に委任することができる（同条4項。ただし、たとえば取締役・執行役の利益相反取引の承認等委任できない事項がある）。代表執行役に対して業務執行の決定権限が委任されていることは、取締役会決議により確認することになる。

d　重要な業務執行の決定に関する確認方法

会社に対して融資をする場合や保証・担保提供を受ける場合には、重要な業務執行の決定手続を経ていることを確認する必要があり、その具体的な手続は、各会社の機関設計によっても異なる。この点、取締役会設置会社との取引の場合、取締役会議事録の確認を行うのが厳格な対応であるが、取締役会議事録の受入れまでは行わず、確認書（たとえば取引内容が自社の目的の範囲内であり、会社法や社内規定に抵触しない旨の確認書）を受け入れるという対応ですませる金融機関もある。

会社の債権者は役員の責任追及に必要な限りにおいて裁判所の許可を得て取締役会議事録の閲覧・謄写ができる（会社法371条4項）だけであり、ましてこれから融資をしようとする金融機関に取締役会議事録の写しを提出してもらう権利があるものではない。また、取締役会議事録には、会社の重要な情報が含まれている場合もあり、金融機関であるからといって、簡単にその写しの交付を受けることは困難な状況がある。この点、取締役会議事録による確認は、重要な業務執行の決定手続の確認について金融機関に過失があると、融資取引が無効になるとする前掲最高裁昭和40年9月22日判決も存在しているが、本来会社が会社内部でなすべき手続は適正にされているはずであるから、これを疑うべき事情（会社に内紛がある、業態からみて借入・保証・担保提供等には慎重なはずである等の事情）がない限りは、代表者から取締役会の決議を経ている旨の確認書を受け入れて融資を行えば、金融機関に過失はないといえるのではないかと思われる。ただし、会社自身が借入をせず第三者のために保証ないし担保提供をするような場合や、客観的に確認作業をより慎重に行う必要がある事情が存在するような場合は、議事録（原本証明付き）の提出を求めて確認をしておいたほうがよいこともある。このあたりは具体的取引内容により、また各金融機関により実務対応が異なりうるものと思われる。

e　取引に際しての確認書類

株式会社との取引では、定款、会社の登記事項証明書、代表取締役・代表執行役・取締役の印鑑証明書、議事録、確認書を確認する。

(2)　持分会社（合同会社・合名会社・合資会社）との取引

a　取引の相手方

合同会社・合名会社・合資会社は、ともに会社の対内関係において、社員間の個人的信頼関係を基礎とした組合性があるところの組合的企業であるが、合同会社は社員全員が有限責任社員により構成され、合名会社は社員全員が無限責任社員により構成され、合資会社は社員が無限責任社員と有限責任社員により構成される。会社法はこの三つの会社を持分会社と総称する（同法575条１項）。

持分会社の社員は、原則として各自が会社の業務を執行するが（会社法590条）、定款で社員の一部を業務執行社員として選任することもできる（同法591条１項）。社員（業務執行社員を定めたときは、業務執行社員）が２人以上のときは、持分会社の業務は、定款で別段の定めがある場合を除いて、（業務執行）社員の過半数をもって決定する（同法590条２項、591条１項）。

業務を執行する社員は、原則として各自が会社を代表する（会社法599条１項・２項）。

ただし、定款または定款の定めに基づく社員の互選によって、業務を執行する社員のなかから持分会社を代表する社員を定めることができ、持分会社を代表する社員は、持分会社の業務に関するいっさいの裁判上または裁判外の行為をする権限を有する（会社法599条３項・４項）。

持分会社において、会社を代表する社員がある場合は、登記事項とされている（会社法912条６号、913条８号、914条７号）から、この場合には、登記事項証明書により確認できる会社を代表する社員と取引をすることになる。法人も持分会社を代表する社員となりうるが、この場合、当該社員の職務執行者の氏名・住所が登記事項であるから（同法912条５号・６号、913条５号・８号、914条７号)、登記事項証明書を確認のうえ当該職務執行者と取引を行うことになる。

合名会社・合資会社においては、会社を代表しない社員がある場合に限り会社を代表する社員を登記することになっており、会社を代表しない社員がいない場合には、業務を執行する社員各自が会社を代表することになる（会社法599条１項・２項)。社員は登記事項である（同法912条５号、913条５号）から、これも登記事項証明書により確認できる。持分会社との融資取引において、業務執行の決定が持分会社内部において適法になされているかどうかを厳密に調査するには、決議方法および要件を定款により確認のうえ、所定の決議がされていることを確認すべきことになるが、通常の取引においては、実務上、代表者から書面により適法に決議がされていることの確認をとれば足りる対応をしている金融機関が多いように思われる。しかし、持分会社に保証してもらう場合や第三者担保提供を受けるような場合、さらに通常の取引ではあっても、特に慎重な対応が望まれるような取引内容や持分会社自身の状況がある場合に限っては、厳格な確認方法（定款の確認、社員総会議事録、業務執行の決定書の確認等）をとる必要が生じる場合も想定される。

b　社員への責任追及

合名会社は社員全員が、合資会社は一部の社員が無限責任社員である。無限責任社員は、持分会社の財産をもってその債務を完済することができない場合や持分会社の財産に対する強制執行がその効を奏しなかった場合（社員が、当該持分会社に弁済する資力があり、かつ強制執行が容易であることを証明した場合を除く）に会社の債権者に対して会社の債務を連帯して弁済する責任を負う（会社法580条１項)。したがって、会社債権者は、無限責任社員の個人資産からの回収が可能である。もっとも、金融実務においては、当該会社との取引上重要な社員については、連帯保証契約を締結して保証債務を負担してもらうのが通例である。

なお、持分会社の有限責任社員であっても、業務執行者である場合には、業務執行について悪意または重大な過失があるときは、当該有限責任社員は、連帯してこれにより第三者に生じた損害を賠償する責任を負う（会社法597条）。

c　取引に際しての確認書類

持分会社との取引では、定款、登記事項証明書、会社を代表する社員の印鑑証明書、議事録、確認書を確認する。

⑶　特例有限会社との取引

会社法により有限会社法は廃止され（会社法の施行に伴う関係法律の整備等に関する法律（以下「会社法整備法」という）１条）、有限会社は株式会社のなかに位置づけられることになったが、会社法施行までに存在していた有限会社は、引き続き有限会社法と同様の規律の適用を受ける特例有限会社として存続することができる（会社法整備法２条、３条）。したがって、今後もこの特例有限会社を取引の相手方とする局面が想定される。特例有限会社には会社法が適用されるが、会社法整備法によって特則が定められている（同法２条～46条）。

a　取引の相手方

特例有限会社では、１人または数人の取締役を定めることが必要であるが（会社法326条１項、会社法整備法17条１項）、代表取締役は必須機関ではなく、原則として取締役各自が代表権を有する。ただし、定款または株主総会の決議により、また定款の規定に基づく取締役の互選により代表取締役を定めることができる（会社法349条３項）。取締役と会社を代表しない取締役がいる場合の代表取締役は登記事項である（会社法整備法43条１項、会社法911条３項13号・14号）。したがって、登記事項証明書により、代表取締役の選任の有無について確認する。代表取締役が選任されている場合にはその者を、選任されていない場合には取締役を取引の相手方とする。会社の目的の範囲は、株式会社と同様に考えてよい。

b　重要な財産の処分・多額の借財

会社法348条２項は、取締役が数人いる場合に定款に別段の定めがないときは、会社の業務執行は取締役の過半数で決することを規定している。特例有限会社には取締役会の設置は認められないので(会社法整備法17条1項)、会社法348条2項は適用されない。そこで、重要な財産の処分や多額の借財の場合に取締役の過半数の決定を要するのか、または株主総会の決議を要するのか、それともなんら社内手続を要しないのか、明らかでない。基本的には取締役会非設置会社における対応と同様に、取締役の過半数の決定を示す書類、株主総会議事録により確認することが必要である。この点について東京高裁昭和62年7月20日判決(金融法務事情1182号44頁)は、有限会社の代表取締役が多額の借財をする場合には、取締役の過半数の同意を要する旨を判示している。

c　取引に際しての確認書類

特例有限会社との取引では、定款、会社の登記事項証明書、(代表)取締役の印鑑証明書、議事録を確認する。

(4)　外国会社との取引

a　権利能力

外国の法令に準拠して設立された会社を外国会社という。外国会社の権利能力は日本に成立する同種の者と同一の私権を有する。ただし、外国人が享有することができない権利および法律、条約で享有することが認められていない権利については享有が禁止される(民法35条2項但書)。現在、船舶法、航空法、鉱業法などで一部権利享有制限がされているが、原則として営業活動の自由が保証されている。また、外国会社は日本に成立する同種または最も類似している会社とみなされ、その会社と同一の法規制に服する(会社法823条)。

外国会社は、日本において取引を継続して行おうとするときは、日本における代表者(そのうち1人以上は日本に住所を有する者でなくてはならない)を定めなくてはならず、外国会社の日本における代表者は当該外国会社の日本における業務に関するいっさいの裁判上または裁判外の行為をする権限を有する(会社法817条1項・2項)。外国会社は、外国会社の登記をするまでは日本において取引を継続して行うことができず(同法818条1項)、外国会社の登記においては、日本における同種の会社または最も類似する会社の種類に従った登記事項のほか、外国会社設立の準拠法、日本における代表者の住所・氏名、同種会社ないし最も類似する会社が株式会社であるときは公告方法を登記しなければならない（同法933条１項・２項）。

b　取引の相手方

登記されている「日本における代表者」を相手にする。この代表者は、当該外国会社の日本におけるいっさいの裁判上または裁判外の行為をする権限を有し、この権限に加えた制限は善意の第三者に対抗することができない（会社法817条２項・３項）。なお、外国会社の日本における代表者の権限に関し、日本における支店の営業であると外国にある本店・支店の営業に関するとを問わず会社の営業全体について及ぶとした古い判例（大判明38．２.15民録11輯175頁）があるが、会社法の「当該外国会社の日本における業務に関する」という文言（同法817条２項）は、この判例を否定し、外国会社の日本における代表者の権限が及ぶ範囲は、会社法との関係では、日本でなす代表行為に限定されるものと考えられる。

取引に印鑑を使用するときは印鑑証明書を受け入れる。もっとも、日本における代表者が外国人の場合には署名により登記申請することができ、契約の締結も署名で行うことが一般的であることから、法務局に印鑑の届がされていない場合が多い。この場合には、外国人登録証明書および大使館、領事館発行のサイン証明書などで代表者の同一性を確認することが必要である。

c　取引に際しての確認書類

外国会社との取引では、会社の登記事項証明書、外国会社の定款または業務方法書、代表取締役の印鑑証明書、印鑑登録がされていないときは外国人登録証明書および大使館、領事館発行のサイン証明書を確認する。

(5)　通常とは異なる場合の会社との取引

a　設立中の会社との取引

会社は、本店所在地において設立登記をすることにより成立する（会社法49条、579条）。したがって、設立登記前に会社が法人格をもつことはないが、定款作成後設立登記までの間は、会社設立を目的とする権利能力なき社団が成立しているとする考え方が有力である。しかしながら、発起人や社員がなす会社成立前の開業準備行為、営業行為、設立費用に属する取引等の効果をどこまで成立後の会社に帰属させられるかという点については、議論のあるところであって、会社の形成それ自体を直接目的とする行為に限定されるというような見解も強い。したがって、設立中の会社との融資取引は、設立中の会社を相手方とするということではなく、むしろ発起人、社員、合弁当事会社等会社設立にかかわる者に対する融資というかたちで検討することが望ましいといえよう。

b　株式会社の代表取締役が死亡・退任した場合の取引

当該代表取締役のほかに、代表取締役が選定されている場合には、他の代表取締役と取引をすればよいが、１人しかいない代表取締役が退任したり死亡した場合には、後任の代表取締役の選定を待って取引をすることになる。代表取締役の死亡や退任により、取締役に欠員が生じない場合は取締役会で新たに代表取締役を選定してもらえばよいが、取締役の欠員が生じる場合、任期満了・辞任による退任のときは、旧代表取締役が新たな代表取締役が就任するまでの間は代表取締役としての権利義務を有すること（会社法351条１項）、代表取締役が死亡したとき、その地位を解任されたとき、欠格事由により退任したとき等同項の適用がないときには、利害関係人の申立てにより裁判所が一時代表取締役の職務を行うべき者を選任することができること（同条２項）などをふまえて取引を行う必要がある。

c　解散会社との取引

会社が解散すれば清算会社（清算株式会社、清算持分会社）となる。清算会社は、その権利能力が、現務の結了、債権の取立て、債務の弁済、残余財産分配等清算の目的に限定され、清算業務を執行する清算人を１人または２人以上選任しなければならない（会社法477条１項、646条）。清算会社を代表する者は、代表清算人（代表清算人がいない場合は清算人）である（同法483条、655条）。代表清算人、清算人は登記簿謄本により確認できる（同法928条１項・２項）。清算会社の目的は清算に限られ、営業行為はできないため、清算会社との融資取引においては、借入目的を精査し、慎重に対応する必要がある。

なお、休眠会社がみなし解散（会社法472条）となり、清算人の登記がされていない会社を相手方として取引をする場合には、定款に別段の定めがある等の場合を除き、取締役全員が法定清算人になり（同法478条１項）、代表取締役を定めていたときは、代表取締役が代表清算人となる（同法483条４項）。清算人が２人以上ある場合は、過半数による業務決定に基づき、会社を代表すべき清算人と取引を行うことになる（同法482条、483条）。

d　私的・法的整理が開始した会社との取引

(a)　私的整理・事業再生ADR手続中・地域経済活性化支援機構による支援手続中の会社

私的整理の開始自体が、会社の代表者に変更をもたらすことはない。取引の相手方は、会社代表者になる。私的整理中の会社であるが、事業再生ADR申請（産業競争力強化法）や地域経済活性化支援機構の支援申込み（地域経済活性化支援機構法）を行って、金融機関の協力のもとに再建、再生を図ろうとする会社について、金融機関がつなぎ融資（プレDIPファイナンス）を行うことがある。この場合の貸付金については、特定認証紛争解決事業者（産業競争力強化法２条20項、56条）や地域経済活性化支援機構（地域経済活性化支援機構法35条）による確認を得ること等一定の要件のもとに、その後の民事再生手続や会社更生手続において再生債権、更生債権とは異なる優先的な扱いを受けうる途が開かれている（産業競争力強化法57条・58条、地域経済活性化支援機構法36条・37条）。したがって、このような会社との融資取引においては、当該貸付が優先的な扱いを受けるための要件を具備しているかどうかのチェックが必要となる。

(b)　民事再生

民事再生手続においては、再生債務者である会社は、引き続き会社の業務執行権、財産の管理処分権を有する。再生債務者の後見的な役割として、監督委員が選任されることが一般的であるが、監督委員は、業務執行権や財産の管理処分権を有しない。しかしながら、再生債務者との間の金銭消費貸借契約、担保権設定契約、別除権目的物の受戻し等をしようとする場合には、監督命令により監督委員の同意が必要とされることが考えられる（民事再生法54条２項）。再生債務者が会社である場合、保全管理人や管財人が選任されることがあり、この場合、業務執行権や財産の管理処分権は、保全管理人、管財人に専属する。監督命令（監督委員）、保全管理命令（保全管理人）、管理命令（管財人）、それらの処分の変更、再生手続開始等については、裁判所書記官により、職権で遅滞なく会社の本店所在地を管轄する登記所に嘱託登記される（同法11条１項～５項）から、会社の登記簿謄本による確認が可能である。

(c)　**会社更生**

会社更生手続においては、会社更生手続開始決定と同時に１人または数人の管財人が選任される（会社更生法42条１項）。会社の事業の経営、財産の管理処分権は管財人に専属する。また、更生手続開始の申立てがなされると、保全管理命令が出されて保全管理人が選任されるのが通例であり、この場合、更生手続開始前会社の事業経営および財産の管理処分権は保全管理人に専属することになる（同法32条１項）から、会社更生手続開始の申立てをした会社にあっては、従来の代表取締役が事業の執行権限を有するという事態にはならない。保全管理命令（保全管理人）、監督命令（監督委員）、それらの処分の変更、会社更生手続開始（管財人）等は、裁判所書記官により、職権で遅滞なく、更生会社の本店所在地の登記所に嘱託登記される（同法258条１項～７項）から、会社の登記簿謄本による確認が可能である。

(d)　**破　　産**

裁判所は、会社が破産手続開始の申立てをした後、破産手続開始決定がなされるまでの間、会社財産を確保するために必要と認めるときは、保全管理人による管理を命ずる処分をすることができ（破産法91条１項）、この場合、破産申立会社の財産の管理処分権は保全管理人に専属する（同法93条１項）。保全管理命令（保全管理人）が発せられたときは、裁判所書記官は職権で遅滞なく本店所在地を管轄する登記所に嘱託登記をしなければならず、保全管理人に変更がある場合も同様である（同法257条４項～６項）。したがって、保全管理の情報は会社の登記簿謄本により確認することができる。

また、破産手続開始決定後は、破産会社の財産は破産財団となり、その管理処分権限は破産管財人に専属する（同法78条１項）。破産管財人は、債権者に対しては決定書の送付により通知がされるし、官報公告もされるから、これらによっても知りうるが、会社について破産手続が開始した場合、裁判所書記官は、職権で遅滞なく、本店所在地を管轄する登記所に対して、破産手続開始の嘱託登記をすることになっており（同法257条１項）、破産管財人に関する情報も登記される（同条２項）から、破産手続開始の事実および破産管財人の情報は会社の登記簿謄本により確認することができる。

(e)　**特別清算**

特別清算は、清算株式会社について、清算の遂行に支障をきたす事情や債務超過の疑いがある場合、裁判所の監督のもと行われる特別の清算手続である。特別清算になっても、通常の清算株式会社の清算人がそのまま特別手続を行う。特別清算開始、代表清算人、清算人については、会社の登記簿謄本による確認が可能である（会社法938条１項・２項）。特別清算株式会社が借財をしたり財産の処分をする行為については、裁判所の許可または監督委員の同意が必要である（同法535条）。

3　非営利法人との取引

剰余金の分配を目的としない社団法人・財団法人で、その事業の公益性の有無にかかわらず設立できる法人を一般社団法人・一般財団法人といい（一般法人法）、そのうち行政庁が公益認定をした法人を公益社団法人・公益財団法人という（公益社団法人及び公益財団法人の認定等に関する法律。以下「認定法」という）。従来は、民法により設立された法人を公益法人としてきたが、平成20年12月１日施行のこれらの法律により、民法の当該規定は削除されることになった。したがって、現在は、行政庁の公益認定を受けた法人を公益法人ということになる。なお、公益を目的とする法人には、公益社団法人、公益財団法人に限らず、学校法人、宗教法人、社会福祉法人等特別法により設立された法人も存在する。

これら非営利法人と取引をする場合には、判例（最判昭41．４．26民集20巻

４号849頁、金融法務事情443号８頁等）が、公益法人について法人の権利能力の範囲を画する「目的の範囲」について、営利法人に比して厳格に解釈していることに注意すべきである。もっとも、公益法人であっても、法人の運営のために必要な資金を金融機関から借り入れ、そのために法人の財産を金融機関に担保提供するという形態の取引は、当該法人の目的たる事業の遂行に必要な行為として「目的の範囲」に含まれることは異論がないものと思われる。財団法人が通常経費支出資金を借り入れた事案で、下級審裁判例（大阪高判昭48．８．２金融法務事情701号33頁）は、資金の借受けは特段の事情のない限り、法人の事業遂行に必要かつ相当なものとして目的の範囲に属すると判示している。

なお、従来存在していた民法法人（民法上の社団法人・財団法人）は、一般法人法による一般社団法人および一般財団法人として存続し（一般社団法人及び一般財団法人に関する法律及び公益社団法人及び公益財団法人の認定等に関する法律の施行に伴う関係法律の整備等に関する法律40条）、すでに５年の移行期間が経過しているので、この間に手続をとって公益社団法人・公益財団法人に移行したものもありうる。また、旧中間法人法に基づく有限責任中間法人・無限責任中間法人は、前者は当然に、後者は移行手続を経て、いずれも一般社団法人として存続することになる（同法２条、24条）。

⑴　一般社団法人・一般財団法人との取引

ａ　一般社団法人との取引

一般社団法人においては、社員総会と理事が必要的機関であり、定款で理事会、監事または会計監査人を設置することもできるとされている（一般法人法60条）。

⒜　理事会設置一般社団法人

理事会設置一般社団法人においては、代表理事の選任が必要であり（一般法人法90条３項）、代表理事が一般社団法人を代表する（同法77条４項）。重要な財産の譲受け、多額の借財など重要な業務執行の決定は理事会の決議事項であり、その決定を代表理事に委任することはできない（同法90条４項）。したがって、このような取引を行う場合は、理事会の議事録により決議がされていることを確認する。

理事会設置一般社団法人であることおよび理事の氏名、代表理事の氏名・住所は登記事項である（一般法人法301条２項５号～７号）から、これらは登記事項証明書により確認をする。

(b)　理事会非設置一般社団法人

理事会非設置一般社団法人においては、理事は原則として各自が一般社団法人を代表するが、代表理事その他一般社団法人を代表する者を定めた場合には、代表理事等が一般社団法人を代表する（一般法人法77条１項・２項・４項）。理事が２人以上ある場合、一般社団法人の業務は定款に別段の定めがない限り理事の過半数をもって決定する（同法76条２項）。理事の氏名および代表理事（法人を代表する理事。同法301条２項６号。なお、21条１項に注意）の氏名・住所は登記事項であるから、登記事項証明書により代表理事（法人を代表する理事）と取引をすることになる。業務執行の決定方法および手続は定款により確認することになる。理事が１人の場合は、当該理事が一般社団法人を代表し、定款で社員総会決議等特別の定めがされていなければ、当該理事が業務執行を決定することになる。

b　一般財団法人との取引

一般財団法人は、評議員、評議員会、理事、理事会および監事が必要的機関である（一般法人法170条）。一般財団法人の基本的事項の意思決定機関が評議員会である。業務執行の決定および業務執行に関しては、前記一般社団法人の理事会設置一般社団法人の場合と同様である。一般財団法人の業務の執行は代表理事が法人を代表する。重要な業務執行の決定は理事会が行い、代表理事に委任できない。一般財団法人においては評議員、理事および監事の氏名、代表理事の住所・氏名が登記される（一般法人法302条２項５号・６号）。

c　取引に際しての確認書類

一般社団法人・一般財団法人との取引では、定款、登記事項証明書、代表理事の印鑑証明書、当該取引が法人の目的遂行上必要であることの説明書、法律所定の当該取引に関する業務執行の決定がされていることの確認書類

（例：理事会議事録の写し（原本証明付き）、社員総会議事録の写し（原本証明付き）、確認書等）を確認する。

⑵　公益社団法人・公益財団法人との取引

a　公益社団法人との取引

公益社団法人においては、一般社団法人に必要とされる社員総会および理事のほか理事会を設置しなければならない（認定法５条14号ハ）。したがって代表理事・監事も公益社団法人の必要的機関になる（一般法人法61条、90条３項）。

公益社団法人との取引は、⑴ａ⒜において述べたところと同様である。

b　公益財団法人との取引

公益財団法人との取引は、一般財団法人との取引において述べたところと同様である。

c　取引に際しての確認書類

公益社団法人・公益財団法人との取引では、定款、登記事項証明書、代表理事の印鑑証明書、当該取引が法人の目的遂行上必要であることの説明書、法律所定の当該取引に関する業務執行の決定がされていることの確認書類（例：理事会議事録の写し（原本証明付き）、確認書等）を確認する。

⑶　学校法人との取引

学校法人は、私立学校法の規定により設立される法人で、その主たる事務所の所在地で設立の登記をすることにより成立する（同法33条）。公益法人ではあるが、教育に支障のない限り、その収益を私立学校の経営に充てるため収益事業を行うことができる。行うことができる収益事業の種類は所轄庁が公告する（同法26条２項）。学校法人が収益事業を行う場合は当該事業が寄附行為に記載される（同法30条１項９号）。

学校法人には、理事をもって組織する理事会が置かれ、理事会は学校法人の業務を決し、理事の職務の執行を監督する（私立学校法36条１項・２項）。また、評議員会が必須機関として設置されており、理事長は予算、借入金（当該会計年度内の収入で償還する一時借入金を除く）および重要な資産の処分に関する事項について、評議員会の意見を聞かなくてはならないし、寄附行為で評議員会の議決事項とすることができる（同法42条）。

a　取引の相手方

学校法人には５人以上の理事が置かれ、理事のうち１人は寄附行為の定めるところにより理事長となる（私立学校法35条）。理事長は学校を代表し、その業務を総理する（同法37条１項）。理事長を除く理事は、寄附行為の定めるところにより学校法人を代表する（同条２項）。代表権を有する者の氏名・住所・資格は登記される（組合等登記令２条２項４号）。したがって、代表権があることの確認は、登記事項証明書により、代表者本人の確認は、印鑑証明書（同令25条で商業登記法12条を準用）により行う。理事や評議員は登記事項ではない（組合等登記令２条）から、寄附行為、選定手続書類、行政庁への届出書類等により確認する。

b　債務負担行為の制限

寄附行為や内部規則等を調べて金融機関からの借入・担保提供の場合の手続、および借入金額・資金使途等が目的の範囲内に含まれるかを検討する。特に収益事業に関する融資の場合は資金使途が寄附行為に定められていることを確認する。疑義がある場合には、理事会で取引の承認を得ておくべきである。また、評議員会の議事録の写しを徴求して、その決議等を確認すべきである。

c　取引に際しての確認書類

学校法人との取引では、法人登記事項証明書、寄附行為、理事長の印鑑証明書、当該取引が法人の目的遂行上必要であることの説明書、理事会の議事録の写し（原本証明付き）、評議員会の議事録の写し（原本証明付き）、確認書等を確認する。

(4)　宗教法人との取引

宗教法人は、宗教団体のうち、宗教法人の規則（根本規則のこと）を作成し、その規則について所轄庁の認証を受け（宗教法人法12条）、主たる事務所の所在地で設立の登記がされることにより成立する（同法15条）。宗教団体には、礼拝の施設を備える神社、寺院、教会、修道院その他これらに類する団体（単位宗教法人）と、これら団体を包括する教派、宗派、教団、教会、修道会、司教区その他これらに類する団体（包括宗教法人）の２種類がある（同法２条）。宗教法人は、法令の規定に従い、規則で定める目的の範囲内において権利を有し義務を負う（同法10条）。また、本来の目的のほかに、公益事業および目的に反しない限度で公益事業以外の事業を行うことができる（同法６条）。ただし、このような事業を行う場合には事業の種類および収益処分方法について規則で定め所轄庁の認証を受けることが必要である。

a　取引の相手方

宗教法人には３人以上の責任役員が置かれ、そのうち１人を代表役員とし、代表役員が宗教法人を代表する。取引の相手方は代表役員である。代表役員は規則に別段の定めがなければ、責任役員の互選により定める（宗教法人法18条）。登記されるのは代表役員だけである（同法52条）。

b　債務負担行為の制限

単位宗教法人が借入（当該会計年度内の収入で償還する一時借入金を除く）または保証をしたり、不動産または財産目録に掲げる宝物を担保に提供したりする場合には、規則で定める手続（規則に定めがない場合は、責任役員の過半数の決議）のほかに、その行為の少なくとも１カ月前に信者その他の利害関係人に対してその要旨を示して公告しなければならない（宗教法人法23条）。包括宗教法人の場合は、規則で別段の定めがなければ公告は不要である。公告の方式は規則で定め（同法12条１項11号）、登記される（同法52条２項９号）。境内建物もしくは境内地である不動産または財産目録に掲げる宝物について、これに違反して行った担保提供は無効とされることがある（同法24条）。境内地以外について宗教法人法23条に違反してなされた処分行為は無効とならない（広島高判昭40．５．19金融法務事情417号８頁）。また、公益事業以外の事業に関する融資の場合は資金使途が規則に定められた事業に関連するものかを確認する。

融資・担保徴求に際しては規則を調査し、事案により責任役員会の議事録の写しや公告の事実確認資料を徴求することが必要である。また、規則において、包括宗教団体の承認や同意を必要とする旨を定めている場合もあるので、この場合には承認書の写しや同意書も徴求する。

c　取引に際しての確認書類

宗教法人との取引では、法人登記事項証明書、規則、代表役員の印鑑証明書、責任役員会の議事録の写し（原本証明付き）、公告証明書、公告現場の写真、包括団体の承認書の写し等を確認する。

⑸　医療法人との取引

医療法人は、病院、診療所、老人保健施設のうち医療法により設立された社団または財団であって（医療法39条）、都道府県知事の認可を受け、主たる事務所の所在地において設立の登記をすることにより成立する（同法44条、46条）。医療法人には社団と財団があり、根本規則も定款または寄附行為である。医療法人のうち政令で定めるところにより都道府県知事の認定を受けた社会医療法人は、開設する病院等の業務に支障のない限り、定款または寄附行為の定めるところにより、厚生労働大臣の定める収益業務を行うことができる（同法42条の２第１項）。

a　取引の相手方

医療法人には原則として３人以上の理事が置かれ（医療法46条の５第１項）、そのうち１人を理事長とし（同法46条の６第１項）、理事長が医療法人を代表する（同法46条の６の２第１項）。理事長は原則として医師または歯科医師である理事のなかから選出される。都道府県知事の認可を受けた場合には理事の数は１名ないし２名でもよく（同法46条の５第１項但書）、理事が１名の場合は当該理事が理事長とみなされる（同法46条の６第２項）。代表権を有する者の氏名・住所・資格は登記される（組合等登記令２条２項４号）。

財団たる医療法人においては、評議員会が必須機関であり（医療法46条の２第２項）、借入金や重要な資産の処分にあたって理事長は評議員会の意見を聴かなくてはならない（同法46条の４の５第１項）。理事、評議員については、定款または寄附行為、選定手続書類、医療法人台帳、行政庁への届出書類等により確認をする。

b　取引に際しての確認書類

医療法人との取引では、法人登記事項証明書、定款または寄附行為、理事長の印鑑証明書、理事会議事録の写し（原本証明付き）等業務執行の決定を確認する書類、当該取引が法人の目的遂行上必要であることの説明書ないし社会医療法人の認定書等を確認する。

⑹　社会福祉法人との取引

社会福祉法人は、社会福祉事業を行うことを目的として社会福祉法により設立された法人であって、定款について所轄庁の認可を受け、主たる事務所の所在地において設立の登記をすることにより成立する（社会福祉法22条、31条、34条）。定款に定められた目的の範囲内においてのみ権利能力を有するが、社会福祉事業に支障がない限り公益事業や収益事業をすることができる（同法26条）。また、評議員会は、社会福祉法に規定する事項および定款で定めた事項に限り、決議をすることができる（同法45条の８）ので、借入や担保の提供を受ける場合には必要により評議員会の議事録の写しを確認しなければならない（厚生労働省公表の社会福祉法人定款例では、基本財産の処分、担保の提供は評議員会の決議事項としている）。また、厚生労働省が公表する社会福祉法人定款例では、基本財産の処分、担保の提供につき、所轄庁の承認を必要としているため、必要により所轄庁の承認書の写しを確認する。

a　取引の相手方

社会福祉法人には６人以上の理事が置かれ（社会福祉法44条３項）、理事会は、理事のなかから理事長を選定しなければならない（同法45条の13第３項）。理事長は、社会福祉法人の業務に関するいっさいの裁判上または裁判外の行為をする権限を有し、権限に加えた制限は、善意の第三者に対抗することができない（同法45条の17）。理事会は、重要な財産の処分、多額の借財の決定を理事に委任することができない（同法45条の13第４項。厚生労働省公表の社会福祉法人定款例では、基本財産の処分、担保の提供は理事会の決議事項でもある）。

b　取引に際しての確認書類

社会福祉法人との取引では、法人登記事項証明書、定款、理事長の印鑑証明書、理事会の議事録の写し（原本証明付き）、評議員会の議事録の写し、所轄庁の承認書の写し等を確認する。

(7)　NPO法人との取引

NPO法人とは、特定非営利活動促進法（以下「NPO法」という）に基づいて、所轄官庁から認証を受けた、特定非営利活動を行うことを目的とする法人で、主たる事務所の所在地で登記することにより成立する（同法13条１項）。

a　取引の相手方

NPO法人と取引をする場合は、登記事項証明書により法人設立の事実を確認し、目的・業務・代表権を有する者・資産総額等を確認する（組合等登記令２条２項４号）とともに、定款により役員や法人の内容を確認する。理事は法人を代表し、理事の代表権は定款で制限することができる（NPO法16条）。法人の業務は、定款または社員総会の決議による禁止がない限り、理事の過半数をもって決定する（同法17条）。したがって、代表理事がいるときは代表理事を、代表理事がいないときは理事を相手方として取引を行う。

b　取引に際しての確認書類

NPO法人との取引では、法人登記事項証明書、定款、代表理事または理事の印鑑証明書、理事会・社員総会議事録の写し（原本証明付き）を確認する。

(8)　中小企業等協同組合との取引

a　取引の相手方

中小企業等協同組合は、中小企業等協同組合法により設立された、組合員または会員の相互扶助を目的とする法人で、主たる事務所の所在地において設立の登記をすることによって成立する（同法30条）。中小企業等協同組合との取引にあたっては、権利能力の範囲内の行為であることの確認、つまり定款所定の事業を遂行するうえで必要な取引かどうかを確認する必要がある。

組合には、３人以上の理事と１人以上の監事が設置され、理事会も設置される（中小企業等協同組合法35条１項・２項、36条の５第１項)。理事会は理事のなかから組合を代表する代表理事を選定しなければならない（同法36条の８第１項)。代表理事は、組合の業務に関するいっさいの裁判上または裁判外の行為をする権限を有し、権限に加えた制限は善意の第三者に対抗できない（同条２項・３項)。代表理事の氏名・住所・資格は登記される（同法84条２項７号)。組合の業務は理事会が決する（同法36条の５第３項)。代表理事は登記される（同法84条２項７号）が理事は登記事項ではないから、理事の確認は別途、定款、規約、選定手続書類、行政庁への届出書類等により行うことになる。

b　取引に際しての書類

中小企業等協同組合との取引では、法人登記事項証明書、定款、代表理事の印鑑証明書、当該取引が法人の目的達成のため必要であることの説明書、理事会議事録の写し（原本証明付き）を確認する。

⑼　農業協同組合・水産業協同組合との取引

中小企業等協同組合との取引と基本的には同様であり、業務執行については理事会が決議をし、代表理事が組合を代表する（農業協同組合法32条、35条の３、水産業協同組合法36条、39条の３)。代表権の制限は登記事項でないので、代表権の制限の有無を書面により宣言してもらうこと等が考えられる。

⑽　消費生活協同組合との取引

a　取引の相手方

消費生活協同組合は、消費生活協同組合法により設立された、組合員の生活の文化的経済的改善向上を図ることのみを目的とする法人で、主たる事務所の所在地において設立の登記をすることによって成立する（同法61条)。消費生活協同組合との取引においては、権利能力の範囲内の行為であることの確認、つまり定款所定の事業（同法26条１項１号）を遂行するうえで必要な取引かどうかを確認する必要がある。

組合には５人以上の理事と２人以上の監事が設置され（消費生活協同組合法27条)、組合はすべての理事で組織される理事会を置かなければならず

(同法30条の4第1項・2項)、組合の業務の執行は、理事会が決する(同条3項)。理事会は、理事のなかから組合を代表する代表理事を選定しなければならず(同法30条の9第1項)、代表理事は組合の業務に関するいっさいの裁判上または裁判外の行為をする権限を有し(同条2項)、権限に加えた制限は善意の第三者に対抗することができない(同条3項)。代表権を有する者の氏名・住所および資格は登記事項である(同法74条2項5号)が、理事は登記されないので、理事の確認は別途、定款、規約、選定手続書類、行政庁への届出書類等により行うことになる。

b　取引に際しての確認書類

消費生活協同組合との取引では、法人登記事項証明書、定款、代表理事の印鑑証明書、当該取引が法人の目的達成のため必要であることの説明書、理事会議事録の写し(原本証明付き)を確認する。

⑾　独立行政法人との取引

a　取引の相手方

独立行政法人とは、独立行政法人通則法および個別法に基づき国により設立された法人であり、各独立行政法人の名称、目的は個別法で定められる(独立行政法人通則法4条、5条)。

各独立行政法人には法人の長と監事が置かれ、長の名称、他の役員の名称や定数等は個別法で定められる(同法18条)。法人の長は、独立行政法人を代表する(同法19条1項)。独立行政法人においては、名称、事務所所在地、代表権を有する者の氏名・住所・資格、代表権の範囲または制限に関する定めがある独立行政法人にあっては、その定め等が登記される(同法9条、独立行政法人登記令2条2項5号)。独立行政法人は原則として中期計画に定められた限度内での短期借入を行うことしかできず、借入金も当該事業年度内に償還しなければならない、個別法に別段の定めがある場合を除くほか、長期借入および債券発行をすることができない(同法45条1項・2項・4項)等、独立行政法人との融資取引をするには制限があることに留意しなければならない。

以上は国レベルの独立行政法人であるが、地方においても地方独立行政法人が認められている（地方独立行政法人法５条）。地方独立行政法人は役員として理事長１人、副理事長、理事、監事を置くものとされ、理事長が地方独立行政法人を代表する（同法12条、13条）。地方独立行政法人も独立行政法人と同様、借入が制限されている（同法41条）。

地方独立行政法人は、政令の定めるところにより登記しなければならず（地方独立行政法人法９条）、組合等登記令が登記事項を定めている。

b　取引に際しての確認書類

独立行政法人との取引では、個別法や認可中期計画等の確認、法人登記事項証明書、法人の長の印鑑証明書、業務執行の決定がなされていることの確認書類（例：理事会議事録等写し（原本証明付き）、確認書）を確認する。

4　営利法人の利益相反取引

(1)　株式会社の利益相反取引

取締役が自己または第三者のために株式会社と取引をしようとするとき（直接取引、会社法356条１項２号）、または株式会社が取締役の債務を保証することその他取締役以外の者との間において株式会社と当該取締役との利益が相反する取引をしようとするとき（間接取引、同法356条１項３号）は、当該取締役（直接取引の相手方、間接取引で債務を保証される取締役等）は、当該取引について重要な事実を開示し、その承認を得なければならない。取締役会設置会社においては取締役会、取締役会非設置会社においては株主総会（普通決議）が、この承認を行う（同法365条１項、356条１項２号・３号）。指名委員会等設置会社の執行役についても同様である（同法419条２項）。また、取締役会設置会社においては、利益相反取引をした取締役（会社を代表・代理した取締役を含み、間接取引の場合の利益を得る取締役を含まない）は、当該取引後遅滞なく、当該取引についての重要な事実を取締役会に報告しなければならない（同法365条２項）。これは、取締役がその地位を利用して会社の利益を犠牲にし、自己または第三者の利益を図る危険を防止し、もって会社を保護することを目的にしている。銀行取引においては、取締役または第三者の金融機関からの借入について会社が保証したり担保提供をしたりするような間接取引が特に問題となる。

a　利益相反取引（間接取引）の該当性

では、どのような場合が間接取引に当たるか。

株式会社以外の法人の場合にも、法人と代表者・役員の利益が相反する取引は制限されているが、利益相反行為に該当する行為は株式会社も株式会社以外の法人も同様であるから、以下、株式会社の事例を用いて説明する。

抽象的には、会社と第三者との間の取引であって、外形的・客観的に会社の犠牲で取締役に利益が生じるかたちの行為が規制の対象になるとされる。

① 取締役個人の金融機関からの借入について、当該取締役が会社を代表して保証、担保提供、債務引受をする行為が間接取引に該当することに争いはない（保証につき最判昭45. 3 .12金融法務事情581号25頁、債務引受につき最判昭43.12.25金融法務事情533号23頁）。他の取締役が会社を代表した場合も同様である。また、判例は、甲会社と乙会社の代表取締役を兼ねる者が、甲会社の第三者に対する債務を、乙会社を代表して保証する行為は、間接取引に該当し、乙会社で承認が必要であるとする（最判昭45. 4 .23民集24巻 4 号364頁。ケース 1 ）。

② 取締役兼任会社の取引の場合には、取締役が代表取締役を兼任している他の会社（甲会社）の債務について、会社（乙会社）が保証、担保提供、債務引受をする行為は、間接取引に該当する（ケース 2 ）。この場合、当該取締役が甲会社を代表して借入契約を締結しているかどうかを問わないと考えられる（ケース 3 ）。

　また、乙会社の代表取締役が、取締役を兼任している甲会社の債務について保証等をする行為（ケース 4 ）については、東京地裁平成10年 6 月29日判決（金融法務事情1530号41頁）では利益相反行為に該当しないとされたが、該当するという説も有力であり、議論のあるところである。単に、借入をする甲会社の代表権のない取締役と当該借入について保証等を行う乙会社の代表権のない取締役を兼ねる者がいるというだけでは、利益相反行為に該当しないとされる（ケース 5 ）。

甲会社が金融機関から借入をするときに乙会社が保証する場合を想定し、

図表2－2　ケースごとの利益相反取引該当性

（前提）◎が当該取引において会社を代表するものとする。

（ケース1）　　　　最判昭45．4．23民集24巻4号364頁

甲会社（債務者）	乙会社（保証人）	利益相反取引（間接取引）の該当性
◎代表取締役A	◎代表取締役A	利益相反取引に該当する
取締役B	取締役D	
取締役C	取締役E	

（ケース2）

甲会社（債務者）	乙会社（保証人）	利益相反取引（間接取引）の該当性
◎代表取締役A	◎代表取締役D	利益相反取引に該当する
取締役B	取締役A	
取締役C	取締役E	

（ケース3）

甲会社（債務者）	乙会社（保証人）	利益相反取引（間接取引）の該当性
代表取締役A	◎代表取締役D	利益相反取引に該当する
◎代表取締役B	取締役A	
取締役C	取締役E	

（ケース4）　　　　東京地判平10．6．29金融法務事情1530号41頁など

甲会社（債務者）	乙会社（保証人）	利益相反取引（間接取引）の該当性
◎代表取締役B	◎代表取締役A	利益相反取引に該当しない（争いあり）
取締役A	取締役D	
取締役C	取締役E	

（ケース5）

甲会社（債務者）	乙会社（保証人）	利益相反取引（間接取引）の該当性
◎代表取締役B	◎代表取締役D	利益相反取引に該当しない
取締役A	取締役A	
取締役C	取締役E	

それぞれのケースが間接取引に該当するかは図表２－２のとおり。

b　利益相反行為に該当しない場合

上記ケース１～３に該当する場合であっても、甲会社と乙会社との資本が100％同一の場合、たとえば甲会社が乙会社の100％子会社の場合は、利益相反行為に当たらない。甲会社と乙会社とは実質的に同一であって甲会社は乙会社の一部門とみることができ、利害は一致しているからである。

また、この場合、判例は、取締役と会社との間の利益相反取引につき、株主全員の合意があるときは取締役会の承認を不要であるとしている（最判昭49．９.26民集28巻６号1306頁）。

c　承認のない利益相反取引の効力

判例（前掲最判昭43.12.25）は、債務引受の事案について「取引の安全の見地より、善意の第三者を保護する必要があるから、会社は、その取引について取締役会の承認を受けなかったことのほか、相手方である第三者が悪意（その旨を知っていること）であることを主張し、立証して始めて、その無効をその相手方である第三者に主張し得るものと解するのが相当である」と判示し、いわゆる相対的無効の考え方に立っている。保証の事案についても同様の判断を示している（最判昭45．３.12金融法務事情581号25頁）。このような相対的無効の考え方は、直接取引の第三者（会社が取締役に譲り渡した財産の転得者等）についても、同様に妥当すると考えられている。また、利益相反取引規制は会社の利益を保護するためのものであるから、相手方の側から取引の無効を主張することはできない（最判昭48.12.11民集27巻11号1529頁）。

なお、判例では直接触れられていないが、悪意には重過失を含むと考えられている。この場合の悪意とは、「取締役会の承認がなかったことを知っていたこと」であり、金融機関が、会社の保証・担保提供行為が会社法356条の適用を受けることを知っている、というだけでは悪意があるとはいえない。そして、取締役会の承認を得ていないことを疑わしめる具体的な事由がありながら、調査せず保証・担保設定契約などを締結した場合に重過失が認定されることがある。

この点について「金融機関の取引上の注意義務は、一般人より高度のものが要求され、取締役と会社との間の取引と知りながら、取締役会の承認の存在を何ら調査・確認しない場合には重過失があるとされることになろう」（稲葉威雄「商法265条と手形行為」金融法務事情1581号52頁）とする見解がある。しかし、単に「取締役会の承認の存在を調査・確認しないこと」それのみにより重過失が認められるとは必ずしもいえないと思われる。

d　実務の対応

従来の金融実務では、取締役会設置会社から保証や担保提供を受ける場合には、取締役会の議事録の写しを受け入れていた。しかし、相対的無効説によれば、金融機関が取締役会の承認を得ていないことを知っていたことを会社側が主張・立証しない限り保証・担保設定契約は有効であるから、金融機関側が取締役会の承認を得ていることを積極的に調査する必要はない。したがって、取引にあたり取締役の利益相反取引であることがわかる場合には、代表取締役から、取締役会の承認決議を得ていることの確認文書を提出してもらうという程度の実務対応で足り、特に取締役会の承認決議を得ていないことを疑わしめる事情があるような場合にのみ取締役会議事録を求めるという運用でも足りると思われる。

なお、利益相反に該当する取締役は特別利害関係人となるので、議決に加わることができない（会社法369条２項）。議決権を行使できないとしても、その議題の審議に参加できないのか、できるとして議長となりうるのか等、この点について学説は分かれており、手続の公正という点から否定的な解釈が多いようである。もっとも、旧法時代のものではあるが、判例（最判昭54.２.23金融法務事情891号35頁）は、中小企業等協同組合の理事が自己契約の承認決議に参加した事案で「特別利害関係人たる理事は、利害関係を有する当該事項につき議決権を行使することができないだけであって、理事会に出席して意見を述べる権限を有するのであり、また、かかる理事が加わってされた決議も当然には無効ではなく、その理事の議決を除外してもなお決議の成立に必要な多数が存するときは、決議としての効力を認めて妨げないと解すべきである」と判示している。現行法のもとでも、特別利害関係取締役が議決権を行使した場合において、それを除外しても決議が成立した場合は、当該取締役が議長として議事を主宰したような場合は例外として、原則として決議無効事由とはならないものと解されている。

取締役会非設置会社においては、株主総会の承認決議がなされたことについて、前記同様の方法により確認しておけばよいと考えられる。

e　利益相反行為に該当する物権変動に基づく登記申請手続

抵当権設定登記を申請する場合は不動産登記令7条1項5号ハの「登記原因について第三者の許可、同意又は承諾を要するときは、当該第三者が許可し、同意し、又は承諾したことを証する情報」として、取締役会の議事録および議事録に署名した取締役の印鑑証明書を添付しなければならない（同令19条1項・2項）。この場合、代表取締役以外の取締役については、その者個人の住所地の市町村長または区長の証明する印鑑証明書を添付する。

⑵　持分会社の利益相反取引

業務を執行する社員が利益相反取引（直接取引・間接取引）を行う場合には、定款に別段の定めがある場合を除き、当該取引について当該社員以外の社員の過半数の承認を受けなければならない（会社法595条1項）。

⑶　特例有限会社の利益相反取引

会社と取締役の利益が相反する取引については、株主総会の決議が必要である（会社法356条1項2号・3号）。この場合、利害関係を有する取締役が株主総会で議決権を行使することは可能であるが、それにより著しく不当な決議がなされた場合には株主総会決議取消事由となる（同法831条1項3号）。相対的無効説を前提とすれば、積極的に株主総会の決議を確認する必要はないが、実務対応としては株主総会の決議を得ている旨の証明書を徴求しておくことが無難であると考えられる。

5　非営利法人の利益相反取引

⑴　一般社団法人・一般財団法人の利益相反取引

a　理事会設置一般社団法人

理事が一般社団法人との利益相反取引（直接取引・間接取引）をする場合

は、理事会において重要な事実を開示し、その承認を受けなくてはならない（一般法人法92条１項、84条１項）。利益相反取引を行った理事（法人を代表・代理した理事を含み、間接取引により利益を得る理事を含まないものと解される）は、取引後遅滞なく理事会に当該取引についての重要な事実を報告しなければならない（同法92条２項）。したがって、理事会設置一般社団法人から利益相反となる保証や担保提供を受けるなどの間接取引を行う場合には、理事会の承認決議がされていることの確認が必要である。

b　理事会非設置一般社団法人

理事は、社員総会において重要な事実を開示しその承認を受けなければならない（一般法人法84条１項）。したがって、金融機関が理事会非設置一般社団法人と理事との利益相反となる間接取引を行う場合には、社員総会の承認決議がされていることの確認が必要である。

c　一般財団法人

一般財団法人と理事との利益相反取引については、理事会の承認決議が必要である（一般法人法197条、84条１項）から、金融機関が一般財団法人と理事との利益相反となる間接取引を行う場合は理事会の承認決議がされていることの確認が必要となる。

(2)　公益社団法人・公益財団法人の利益相反取引

金融機関がこれらの法人から理事との利益相反が生じる間接取引を行う場合は、理事会の承認決議を経ていることの確認が必要である（一般法人法84条１項、92条１項、197条、公益社団法人及び公益財団法人の認定等に関する法律５条14号ハ）。

(3)　学校法人の利益相反取引

理事が学校法人との利益相反取引（直接取引・間接取引）をする場合は、理事会において重要な事実を開示し、その決議による承認を受けなくてはならない（私立学校法40条、一般法人法84条１項）。利益相反取引を行った理事（法人を代表・代理した理事を含み、間接取引により利益を得る理事を含まないものと解される）は、取引後遅滞なく理事会に当該取引についての重要な事実を報告しなければならない（私立学校法40条、一般法人法92条２

項）。したがって、学校法人から利益相反となる保証や担保提供を受けるなどの間接取引を行う場合には、理事会の承認決議がされていることの確認が必要である。

⑷ 宗教法人の利益相反取引

代表役員は、宗教法人と利益が相反する事項について代表権を有しない。この場合においては、規則で定めるところにより、仮代表役員を選ばなければならない（宗教法人法21条１項）。したがって、法人と代表役員との利益が相反する間接取引を行う場合には、規則および選定手続書類により確認のうえ、仮代表役員と取引をすることになる。

⑸ 医療法人の利益相反取引

理事が医療法人との利益相反取引（直接取引・間接取引）をする場合は、理事会において重要な事実を開示し、その決議による承認を受けなくてはならない（医療法46条の６の４、一般法人法84条１項）。利益相反取引を行った理事（法人を代表・代理した理事を含み、間接取引により利益を得る理事を含まないものと解される）は、取引後遅滞なく理事会に当該取引についての重要な事実を報告しなければならない（医療法46条の７の２第１項、一般法人法92条２項）。したがって、医療法人から利益相反となる保証や担保提供を受けるなどの間接取引を行う場合には、理事会の承認決議がされていることの確認が必要である。

⑹ 社会福祉法人の利益相反取引

理事が社会福祉法人との利益相反取引（直接取引・間接取引）をする場合は、理事会において重要な事実を開示し、その決議による承認を受けなくてはならない（社会福祉法45条の16第４項、一般法人法84条１項）。利益相反取引を行った理事（法人を代表・代理した理事を含み、間接取引により利益を得る理事を含まないものと解される）は、取引後遅滞なく理事会に当該取引についての重要な事実を報告しなければならない（社会福祉法45条の16第４項、一般法人法92条２項）。したがって、社会福祉法人から利益相反となる保証や担保提供を受けるなどの間接取引を行う場合には、理事会の承認決議がされていることの確認が必要である。

⑺　NPO法人の利益相反取引

法人と理事との利益が相反する事項について理事は代表権を有しない。この場合所轄庁は、利害関係人の請求によりまたは職権で特別代理人を選任しなければならない（NPO法17条の４）。法人に当該取引が利益相反とならない代表権を有する理事がいるときは、その理事と取引を行えばよいと考えられる。

⑻　中小企業等協同組合の利益相反取引

組合が理事と利益相反となる間接取引をする場合は、理事会の承認決議が必要である（中小企業等協同組合法38条１項２号）から、承認決議がされていることを確認して取引を行う。理事は登記事項ではない（同法84条２項）から定款、規約、選定手続書類等により確認する。

⑼　農業協同組合・水産業協同組合の利益相反取引

理事は、理事会（経営管理委員がいる組合の場合は経営管理委員会）の承認を得た場合に限り組合と契約ができる（農業協同組合法35条の２第２項、水産業協同組合法39条の２第２項）。ただし、代表権を有しない理事や経営管理委員等は登記事項ではない（組合等登記令）から定款、規約、総会議事録等により確認する必要がある。

⑽　消費生活協同組合の利益相反取引

組合が理事の債務を保証することその他理事以外の者との間において組合と当該理事との利益が相反する取引をしようとするときは、理事は、理事会において、当該取引につき重要な事実を開示し、その承認を受けなければならない（消費生活協同組合法31条の２第１項）ので、取引にあたっては承認決議の確認が必要である。

⑾　独立行政法人の利益相反取引

独立行政法人と法人の長その他の代表権を有する役員との利益が相反する事項については、監事が独立行政法人を代表する（独立行政法人通則法24条）。同様に、地方独立行政法人と理事長または副理事長との利益が相反する事項については、監事が地方独立行政法人を代表する（地方独立行政法人法18条）。

第4節　権利能力なき社団・組合

1　権利能力なき社団

⑴　権利能力なき社団とは何か

社団としての実体を有しながら、法人格を得ていない団体を権利能力なき社団という。民事訴訟法29条は権利能力なき社団に当事者能力を認めている。判例（最判昭39.10.15民集18巻8号1671頁）は、「権利能力なき社団といいうるためには、団体としての組織を備え、そこには多数決の原則が行なわれ、構成員の変更にもかかわらず団体そのものが存続し、しかしてその組織によって代表の方法、総会の運営、財産の管理その他団体としての主要な点が確定しているものでなければならない」としている。

権利能力なき社団の財産は、社団の構成員の総有に属し、構成員は持分権も分割請求権も有しない。しかし社団財産に属する不動産は社団名義での登記はできないので、個人名義で登記するか、構成員全員の共有名義で登記するしかない。また、権利能力なき社団の代表者が社団の名においてした取引上の債務は、その社団の構成員全員に一個の義務として総有的に帰属するものであり、構成員各自は債権者に対して直接には個人的責任を負わない（最判昭48.10.9金融法務事情702号24頁）。つまり、社団の総有財産だけがその責任財産になるのである。

⑵　権利能力なき社団との取引

銀行取引にあたり、当該団体が権利能力なき社団の要件を充足していることの確認が重要である。社団法人の場合の定款に相当する規則の提出を求めて確認する。当然のことながら、権利能力なき社団の実質的権利能力は規則に定められた目的の範囲内に限られる。

a　取引の相手方

権利能力なき社団の規則に従い選出された代表者である。場合によっては、総会議事録等の写しの提出を受けて代表者を確認する。代表者個人の印鑑証明書の提出を受けて、本人確認資料とする。取引名義は規則で定めている代表者の対外呼称（代表、委員長、理事長など）を使い「○○校友会代表○○○○」とする。

しかしながら、権利能力なき社団の代表者および代表権限の範囲等が明確でない場合が少なくない。この場合には役員全員の連帯保証をとることを考慮すべきである。

b　取引上の留意事項

社団財産に属する不動産は社団名義での登記はできないので、不動産を担保にとるときは、権利能力なき社団を債務者とし登記名義人を担保提供者として担保権の設定を受けるしかない。この場合、登記名義人から、個人名義となっているが権利能力なき社団の財産であることの確認書を徴求する。

また、権利能力なき社団といえるかどうか疑義ある場合には、その団体との取引は避けて代表者個人を融資取引の相手方として取り扱うことも考えられる。

2　民法上の組合

組合は、組合員となる数人の当事者が出資して共同事業を営むことを契約することにより成立する（民法667条１項）団体であるが、団体として人格は付与されていない。この点、中小企業等協同組合のように、特別法上の組合として法人格を与えられている組合とは異なる。

組合の業務は、組合員の過半数をもって決定し、組合契約で業務執行者を定めたときは、業務執行者のみが業務執行権を有し、業務執行者が複数いるときは、その過半数で業務執行を決定する（民法670条１項ないし３項）。対外的な業務執行については、業務執行者がいるときは業務執行者が、いないときは組合員の過半数の同意を得た組合員が組合を代理するが、組合の常務については各組合員が単独で組合を代理することができる（同法670条の

2）。組合に貸付をした債権者は、組合財産からの弁済を請求することができるし（同法675条１項）、一定の分割された金額については、各組合員の個人財産からの弁済も請求することができる（同法675条２項）。これに対して組合員個人の債権者が組合財産について責任追及をすることは、禁止されている（同法677条）。

民法上の組合と取引をする場合には、まず組合契約を徴求し、業務執行の決定手続と業務執行者の定めの有無を調査して、業務執行の決定が適法になされていることを確認のうえ、（業務執行者が定められていれば業務執行者を、定められていなければ組合員の１人を代表者として）対外的業務執行者と融資契約を締結する等取引をすることになる。ただし、銀行の実務では、組合員全員の委任状や議事録を受け入れたうえ、代表者に組合を代表してもらい、さらに代表者や有力組合員を保証人として融資取引を行うという取扱いが望ましい。この場合、契約形態は、各組合員を表示することなく、組合を表示して取引を行うのが通例である（たとえばＡ・Ｂ・Ｃ３社で甲組合をつくっている場合、Ａ・Ｂ・Ｃを表示し、代表者Ａとして取引をするのではなく、甲組合代表者Ａとして取引をする）。厳密には、本人を代理して取引を行うためには、原則として「顕名（本人の代理人であることを表示すること）」が必要である（同法99条１項）が、判例においても、全組合員の名前を出さずとも、「Ａ組合理事長Ｘ」のように組合名と肩書を付した代表者名でも許されるとされているところであり（最判昭36．７．31民集15巻７号1982頁）、組合の団体性を認める以上、適切な対応といえる。

3　商法上の匿名組合

匿名組合は、当事者の一方（匿名組合員）が相手方の営業のために出資をし、相手方（営業者）がその営業から生じる利益を分配することを約することにより成立する（商法535条）。匿名組合は出資者である匿名組合員と営業者の共同企業形態ではあるが、営業者の単独事業であって、法人格はない。

したがって、匿名組合との融資取引は、すなわち営業者との融資取引にほかならない。

4　有限責任事業組合（LLP）

株式会社のもつ有限責任制と組合のもつ内部自治原則の両方のよさを生かせるものとして、平成17年、組合類型では有限責任事業組合（LLP）が、会社類型では合同会社（LLC）が創設された。その活用によりベンチャー振興、中小企業振興、研究開発振興、事業再生等日本経済の活力向上を目指すものである。有限責任事業組合（LLP）とは有限責任事業組合契約に関する法律（以下「有限責任事業組合法」という）に定める有限責任事業組合契約により設立する組合をいい、投資ビークルの一つである。組合員から独立した法人格をもたず、組合財産は組合員の共有（合有）である点で民法上の組合と共通点があるが、組合員は出資価額を責任の限度とし（有限責任事業組合法15条)、業務執行の決定については、原則として総組合員の同意が必要とされる（同法12条)。また、有限責任事業組合契約の効力が発生したときは、事業、名称、組合員の氏名または名称・住所、組合員が法人である場合は組合員の職務を執行する者の氏名・住所等を登記することになっている(同法57条。なお、73条において商業登記法を準用)。

各組合員は、組合の業務を執行する権利義務を有する（有限責任事業組合法13条１項）が、融資取引にあたっては、借入や担保設定等について、組合所定の業務執行決定手続を経ていることの確認が必要である。

有限責任事業組合法の予定する業務執行の決定手続は次のようになっている。

原則として、業務執行の決定については総組合員の同意が必要である（有限責任事業組合法12条１項本文)。例外①として、重要な財産の処分および譲受け、多額の借財以外は、組合契約書で総組合員の同意を要しない旨を定めることができる（同項但書)。例外②として重要な財産の処分および譲受けについて、その価額が組合の純資産額（20億円超の場合は20億円）未満かつ、その処分または譲受けによる財産上の損害の額が、純資産から出資総額を控除した額以下であること、多額の借財については、その価額が組合の純資産額（20億円超の場合は20億円）未満であること、かつこれまでの借入と合わせた借入総額が純資産額未満であることという要件を満たす場合は、組合契約書で総組合員の同意を要しない旨を定めることができる（この場合でも3分の2以上の同意は必要である。同法12条2項、同法施行規則5条）。

有限責任事業組合との融資取引においては登記簿により組合および組合員の確認を行い、組合契約書により、当該融資契約について、どのような手続を経る必要があるかを確認のうえ、議事録ないし同意書、印鑑証明書等を受け入れる必要がある。

5　投資事業有限責任組合（LPS）

投資事業有限責任組合（LPS）とは投資事業有限責任組合契約に関する法律に定める投資事業有限責任組合契約により成立する無限責任組合員および有限責任組合員からなる組合をいう（同法2条2項）。平成26年4月に公正取引委員会の「独占禁止法11条の規定による銀行又は保険会社の議決権の保有等の認可についての考え方」について改訂がなされ、投資事業有限責任組合や民法上の組合（会社に対する投資事業を営むことを約するもの）を通して事業会社に投資する場合の議決権保有に関する規制が緩和されたことから、金融機関にとって投資事業有限責任組合の活用場面が増えている。投資事業有限責任組合は、組合員から独立した法人格は有せず、組合財産は組合員の共有（合有）である点では民法上の組合と共通であるが、事業の範囲が制限されており（投資事業有限責任組合契約に関する法律3条1項）、無限責任組合員と有限責任組合員とで構成され（同法9条）、無限責任組合員が業務執行権をもつ（同法7条1項）。無限責任組合員が数人あるときは、組合の業務の執行は、その過半数をもって決する（同条2項）。組合については、組合の事業、組合の名称、無限責任組合員の氏名または名称・住所等が登記される（同法17条。なお、同法33条において商業登記法を準用）。投資事業有限責任組合との融資取引においては、組合契約書、登記簿謄本による、組合の事業範囲の確認、無限責任組合員の確認、議事録等業務執行の決定が適法になされていることの確認等が必要である。

第3章

融資の種類

第1節　手形貸付

1　手形貸付の概要

⑴　意　　義

手形貸付とは借用書にかえて取引先振出しの約束手形を受け入れて融資を行う金融機関の融資形態をいう。手形貸付の形式による融資の法的性質は金銭の消費貸借（民法587条）である。手形貸付で受け入れる約束手形は、振出人を取引先（債務者）、受取人を融資金融機関、券面額を融資金とする。また支払期日は弁済期日にあわせるのが原則であるが、融資期間が長い場合は利払日を支払期日とし、期日到来ごとに新手形に書替する方法もよく行われる。

手形貸付の約束手形は手形債務者が取引先１名のみであることから「単名手形」といわれ、これが転じて手形貸付そのものを「単名」と呼んでいる（商業手形は手形債務者が２名以上存在するために単名手形に対して「複名手形」といわれるが、商業手形割引を「複名」ということはない）。

手形貸付による融資は事業者宛ての短期運転資金融資で最も多く利用されるが、手形書替を利用することにより設備資金などの長期資金に利用されることもある。

もっとも、紙の手形・小切手に関しては、政府が全面的な電子化の方針を示している。これに伴い、手形貸付についても今後は減少していくことが予想される。

⑵　特　　徴

手形貸付の特徴は証書貸付と比較することにより顕著となる。主に次の特徴がある。

a　管理・回収の観点

金融機関は融資債権に加えて手形債権を得るので債権の管理・回収に有利となる。

① 手形債権は不渡処分制度による制裁を背景に弁済を促進する効果を有する。証書貸付の場合は一般の債権保全方法である担保受入れと民事執行法に基づく強制的な債権回収手段があるのみである。

② 手形債権を得ることにより手形訴訟（民事訴訟法350条以下）という簡易な訴訟手続により債務名義を得ることができ、迅速な強制執行手続がとれる。証書貸付の場合は通常訴訟の手続により債務名義を得るために時間がかかる。証書貸付においても強制執行認諾文言付きの公正証書による金銭消費貸借契約証書を作成すれば、延滞発生時には直ちに強制執行ができるが、公正証書作成費用がかかるために必要な場合に限って利用される。

③ 金融機関は手形を裏書譲渡することにより資金の流動化が容易である。一定の要件を満たす手形は並手形として日本銀行宛ての担保に利用することができる。証書貸付の場合に資金の流動化をねらうには、一般指名債権譲渡の対抗要件を充足させるために、債務者宛ての通知またはその承諾と確定日付を要する。

b　実務の観点

融資実務上、次の点も見逃せない。

① 約束手形の受入れのみで融資ができるので実行手続が簡便である。

② 取引先にとって印紙税が証書貸付の金銭消費貸借契約証書に比べて低廉である。ただし、手形書替のつど印紙税が課税されるので、かえって高くなることもあるし、証書貸付を電子契約で行う場合にはそもそも印紙税がかからないため、手形貸付における印紙税の観点からのメリットは小さくなってきている。

③ 手形貸付の利息は前取りが一般的であるために金融機関にとっては利回りがよい。

④ 手形書替のつど取引先と接触することにより、取引先の業況把握の

機会が多い。

⑶　種　　類

金融実務で取り扱う手形貸付には一般の手形貸付のほかに次のような用語で称される手形貸付の種類がある。いずれも手形貸付自体の法的性質が異なるものではない。

a　証書併用手形貸付

手形貸付を行うに際して、約束手形に加えて金銭消費貸借契約証書を受け入れる方法である。証書併用手形貸付が利用される理由は主として次の二つである。

⒜　弁済条件・利払条件の明確化

約束手形を受け入れるだけの一般の手形貸付においては、債務者、金額、弁済期限のほかは書面が作成されない。利息は手形期間分を前取りすることにより書面による特約を要しない。要物契約としての金銭消費貸借契約自体は、契約証書が作成されなくても借入の合意と金銭の受渡しにより成立するが、債務の弁済条件や利払条件について特に詳細な合意を行う場合は口頭の合意にとどまらず書面により明確化しておく必要が生じる。そこで手形貸付の特色を生かしながら弁済・利払条件を書面で明確化する方法として、証書併用手形貸付が利用される場合がある。

⒝　抵当権の設定

手形貸付で不動産担保を受け入れる場合の多くは根抵当権が利用されるが、取引先の希望その他の理由により普通抵当権を利用することがある。この場合は手形に加えて金銭消費貸借ならびに抵当権設定契約証書を受け入れ、担保に関する契約と金銭消費貸借契約に関する特約を行う。

b　商手担保貸付

商業手形を担保として手形貸付を行う方法である。「商担手貸」と略すことがある。一般に商業手形による融資の方法は手形割引によるが、手形枚数が多く額面金額が少額の商業手形を１枚ずつ割り引いていたのでは手数がかかるために、商業手形は手形担保として差入れを受け、別途単名手形により貸し付ける。商業手形の支払人信用の度合いによっては手形額面に一定の掛け目を掛けた金額の合計額を管理し、合計額が手形貸付金残高を下回ることがないようにする。商業手形は期日に取り立てて代り金は取り立てたつど融資金の返済に充当するか、一定金額に満つるまで別段預金に留保しておいて、まとめて返済に充当することになる。

c　手形貸付（外貨建て）

外貨建てによる手形貸付を行った融資金の勘定処理に使用される金融機関の勘定科目名である。外貨建手形貸付の場合は外国通貨表示の約束手形を受け入れるが、通常は貸付代り金および返済金は外国為替相場により換算して円貨により受渡しが行われる。

2　融資取引上の留意点

(1)　実　　行

a　受入書類

(a)　銀行取引約定書と手形貸付

手形貸付を実行するに際しては、事前あるいは同時に銀行取引約定書を締結しておく。銀行取引約定書をすでに締結ずみの取引先であれば重ねて締結する必要はない。銀行取引約定書は与信取引に関する共通の特約が規定されているが、特に手形貸付について必要とされる特約はすべて銀行取引約定書に盛り込まれている。これは手形貸付が金融機関の最も基本的な融資の形態であり頻繁に利用されるために、個別の手形貸付を実行するたびに別途特約書を要しないように約定の手当がされているものである。

(b)　約束手形

手形貸付実行のつど取引先振出しの約束手形を受け入れる。実務上は自店を支払場所とする手形を使用する。手形貸付の場合の約束手形は融資金の担保的な意味を有しているので、取引先が自店に当座勘定を有している必要はない。当座勘定を有しない取引先には手形貸付用に別途用意した手形用紙を交付して振り出してもらう。

受け入れた手形の点検については後記ｂで説明するが、手形上の署名者に関して次の点に留意する。

図表３－１　約束手形見本

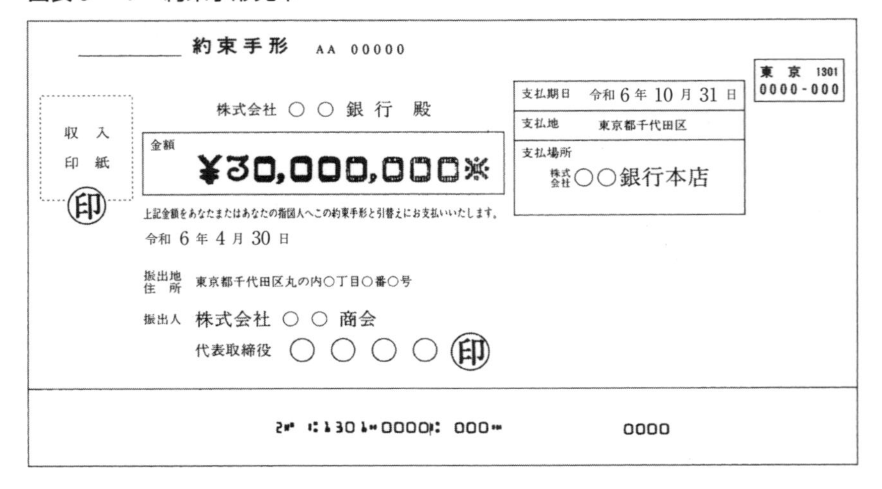

ア　連名手形

連帯債務者に対して手形貸付を行う場合は連帯債務者全員を約束手形の共同振出人として全員の署名を受け入れる。共同振出人であることが明らかになるように、各人の肩書に「共同振出人」と表示してもらう。手形の共同振出人は各自手形金額について合同責任を負い、所持人である金融機関は振出人の一部または全員に対して全額の支払を請求することができる（手形法47条、77条１項４号）。

イ　手形保証

手形貸付に保証人を受け入れる方法の一つとして約束手形上に保証を受け入れることがある。手形または補箋上に行われた保証は「手形保証」として手形外の保証に比べて責任が加重されている。すなわち約束手形の手形保証人は振出人と内容が同一の独立した責任を負うものとされ、手形に必要な方式の瑕疵により手形が無効となる場合を除いては、振出人の債務が無効となっても保証人の保証は有効とされる（手形法32条、77条３項）。

手形保証を受け入れるときは保証人の肩書に「保証人」と表示してもらう。法律上は手形表面の振出人以外の単純な署名は保証とみなされるが、実際には振出人の肩書は手形用紙に印刷ずみであるために、単なる署名の場所によって振出人と保証人、さらには共同振出人にもかかわらずそれがだれかがまぎらわしい状態が生じるので避けるべきである。

b　手形の点検

手形貸付において受け入れる約束手形は具体的な融資債権の存在を証明する資料であるので、手形内容に間違いがないことを慎重に点検しなければならない。手形内容の点検は二つの観点から行う。

一つは手形法75条に定める手形要件として必要的記載事項が記載されていることの確認である。必要的記載事項の記載がない手形は手形としての効力が認められない。同条規定の手形要件のうち、「約束手形」の文字、支払の約束は金融機関制定の手形用紙には印刷ずみであり支払地も通常は印刷されている。個別に記載を要する事項は「金額」「満期日」「支払を受ける者」「振出日」「振出地」「振出人の署名」である。「振出地」は通常振出人の住所の記載で代替される（同法76条4項）。もう一つにはこれらの必要的記載事項の記載内容が手形貸付の内容と一致していることの確認である。以下、項目ごとに注意すべき点を説明する。

(a)　金額（手形法75条2号、77条2項、6条）

手形貸付の手形の額面金額は融資金元本額とする。金額の記載が複数となることは避けるべきである。金額が所定欄以外に複記されている場合は、同一金額であることを確認する。重複して記載された金額が異なる場合には、手形法上は文字と数字の場合は文字の金額、文字同士あるいは数字同士の重複の場合は最小金額が手形金額とされるが、実務上は問題が生じないように単一金額の手形に差し替えてもらうべきである。

(b)　満期日（手形法75条3号）

手形の支払期日である。手形の支払期日の定め方は一覧払い、一覧後定期払い、日付後定期払い、確定日払いの4種類が認められているが（手形法77条1項2号、33条1項）、手形貸付における約束手形の支払期日は通常確定日払いによる。

確定日は手形貸付の回収予定日とする。回収予定日は通常融資実行日から

２～３カ月後、あるいは６カ月後と決めるが、応当日が休日に該当する場合は最初から休日の翌営業日または前営業日を支払期日にしておくほうがよい。支払期日を休日にした場合も手形が無効になるのではなく、その翌営業日が満期日となる（手形法77条１項９号、72条）。

手形貸付で使用する金融機関制定の国内用約束手形用紙の支払期日欄はあらかじめ「令和　年　月　日」と印刷されているので、日付の記入は邦暦で記載する。

⒞　**支払を受ける者（手形法75条５号）**

手形の受取人である。手形貸付の約束手形においては融資金融機関となる。約束手形用紙の金額欄上部の「　　　　殿」の欄に記載する。この場合受取人となる金融機関は、たとえば法人としての株式会社○○銀行であるから、支店名を記載しないように注意する。

⒟　**振出日（手形法75条６号）**

手形を振り出した日である。手形貸付の約束手形においては融資実行日と一致させる。振出日欄も支払期日欄と同じくあらかじめ「令和　年　月　日」と印刷されているので、日付の記入は邦暦で記載する。誤って現実に暦上存在しない日が記入されていると手形が無効となるので注意する。予定の融資実行日で振出日が記載された手形を受け取ったが、担保関係書類に不備があるなどの理由で、実際の融資が遅くなったような場合、満期日を変更する必要がなければあえて振出日のみを訂正する必要はない。手形要件には影響がないからである。

⒠　**振出地（手形法75条６号）**

振出地は手形の準拠法を決定する基準として重要な必要的記載事項である。ただし金融機関制定の約束手形用紙は「振出地、住所」が上下に印刷ずみで、振出人の住所の記載により、住所地が振出地となる。前述のように振出地自体の記載がなくても振出人の住所が記載されていれば振出人の肩書地が振出地とみなされるためである（手形法76条４項）。

手形法のうえでは振出地は実際に手形の振出行為がなされた地が記入される必要はなく、実在する国内の独立最小行政区画であればよい。

(f) 振出人の署名（手形法75条7号）

手形の必要的記載事項のうち最も重要な事項であり、他の事項と異なり振出人以外の者がかわりに記載することができない。手形法上は振出人の署名がされれば捺印がなくても手形としては問題なく、また署名のかわりに記名・捺印でもよいとされている（手形法82条）が、手形貸付の約束手形の場合はあらかじめ金融機関に届け出た印鑑票の署名と印鑑に一致することが必要となる。金融機関の担当者は振出人の署名および捺印を印鑑票と照合して一致することを確認する。取引先が法人の場合に注意すべきことは、記名について法人の名称のみでなく法人の代表者（これも届出のある代表者）の肩書と代表者名の記載が必要な点である。法人名が大きく記載されていると見逃すおそれがあるので注意を要する。

c 代り金の交付

手形貸付の法的性質は要物契約としての金銭消費貸借契約であり、金融機関と債務者の合意に加えて金銭の交付が契約の成立要件である(民法587条)。

(a) 交付方法の原則

手形貸付を実行した場合の貸付代り金の交付は、原則として取引先債務者の本人名義預金口座へ入金する方法による。金銭消費貸借契約は金銭の現実の授受がなくても授受があったと同一の経済上の利益を与えたときは有効に成立するとされているからである（大判大11.10.25民集1巻621頁）。

取引先が借入金を直ちに第三者宛てに振り込みたい、あるいは現金が必要であるという場合も、いったん取引先預金口座に入金したのち取引先に振込み・現払いの手続をとってもらうのが原則である。

(b) 直接振込み・現払いによる資金交付

やむをえない事情により貸付代り金を取引先の預金口座を通さず直接振込み・現払いを行う場合には、金銭消費貸借契約の成立要件である金銭の交付がなされたことの証明を容易にするために取引先から領収書を受け入れておく。貸付代り金により預金小切手を作成する場合も同様に取り扱う。

⑵　手形貸付の書替継続

a　手形書替の種類

手形貸付の手形の支払期日が到来すると債務者は借入金を弁済する必要があるが、支払期日に債務者から新たに手形の振出しを受けて融資を継続することがある。これを手形書替といい、手形貸付の書替継続という。書替継続には同額書替、減額書替、増額書替、合併書替、分割書替があり、前の三つは書替継続前後の手形金額、後の二つは書替継続前後の手形の枚数の違いによる分類である。それぞれ簡単に説明すれば次のとおりである。

① 同額書替……借入金を返済せずに書き替えるもので、旧手形と同額の新手形に書き替える最も多い形態である。

② 減額書替……書替継続と同時に借入金の一部を返済し、残額について新手形に書き替えるものである。これを繰り返すことにより分割弁済ができる。

③ 増額書替……書替継続と同時に融資残高に新たな融資金を追加した金額で新手形に書き替えるものである。これを繰り返すことにより分割実行ができる。また利息延滞額を元加した合計額で新手形に書き替える場合も該当する。

④ 合併書替……２件以上の手形貸付を行っている取引先について、書替継続時に融資条件を統一して１件にまとめる場合に合計金額で新手形に書き替えるものである。

⑤ 分割書替……④と反対に１件の手形貸付を書替継続時に条件を異にする複数の手形貸付に分割して、それぞれについて新手形に書き替えるものである。

b　手形書替の性質

手形貸付における書替継続は金融取引としては融資の期限延長であるが、法的には書替の前後で新旧債権の同一性が保たれるのかどうかは、債権保全上影響があり問題になる。この点、金融取引の実態と同様に同一債権の期限延長にすぎないとする考え方（支払延期説）と、手形書替により旧債務が消滅し同時に新債務が発生したとする考え方（更改説・代物弁済説）がある。

判例には「旧手形を現実に回収して（新手形を）発行する等特別の事情のない限り、単に旧手形債務の支払を延長する」としたものがあり（最判昭29.11.18金融法務事情91号28頁）、この反対解釈として、旧手形を返却した場合には債権の同一性が失われる懸念があったものの、その後の下級審レベルでは、新手形と旧手形との交換による手形書替は支払延期とみるべきで更改とみるべきではないとの趣旨の裁判例が相次いでいる（東京地判平８.９.24金融法務事情1474号37頁、同平10.２.17金融商事判例1056号29頁）。このように、旧手形を返却する場合の手形書替の法的性質については必ずしも確立されているとはいえず、実務としては、根保証・根担保により債権保全を図る等、慎重に対応することが無難とは思われる（なお、平成16年の民法の現代語化の際、更改を規定する同法513条２項からは、債務の履行にかえて為替手形を発行することを更改とするとしていた第二文が削除された。これは、新債務の成立により旧債務が消滅する更改契約と、手形行為の無因性とが、相いれないものとして削除されるに至ったと解される。ただ、手形書替の法的性質につき、支払延期とみるべきかどうかは明らかではない）。

c　旧手形の取扱い

手形書替の法的性質の解釈が実務上で影響してくるのは、倒産が懸念される問題取引先に対して許容している手形貸付の書替継続を行う場合の旧手形の取扱いである。更改説・代物弁済説を基準にすると新手形による融資の発生日が書替継続の日と解されて、前に発生した国税の法定納期限後の融資として国税滞納処分による預金の差押えに劣後し、相殺が認められなくなる事態が生じうる。このような場合には書替継続に応じても、取引先の了解をとって旧手形を返却せずに保管しておくべきである。さらに取引先から手形貸付債権が同一のものである旨の念書を受け入れておくべきである。

通常に旧手形を返却する場合には、手形裏面の領収欄に「令和○○年○○月○○日手形書替ずみ」の表示をして担当役職者の捺印を受けて返却する。

(3) 回　　収

a　通常の回収

手形貸付金を回収する場合は返済金を受領して手形を返却する。返済金は自店小切手または普通預金の払戻請求書・通帳により、取引先預金口座から振替処理する方法が一般的である。返却する手形の裏面領収欄には領収金額と日付を記載して担当役職者の捺印を受ける。当該手形貸付について元金は回収したが未収利息が残存する場合は利息全額が返済されるまで手形を返却しないように注意する。唯一の債権証書だからである。

b　手形による回収

返済用の小切手や払戻請求書を受け入れずに、手形貸付の手形を支払呈示して手形により当座預金を引き落として融資金を回収することができるか。自店を支払場所とする約束手形は支払呈示について特別の手続をとらずに自店に保管していれば呈示の効果が認められる。ただし、実際に手形により回収するのは取引先からの依頼があった場合に限るほうがよい。取引先の了解なく手形貸付の手形を呈示すると取引先が予定しない支払となり、他の支払予定との関係でトラブルになるおそれがある。なお手形により融資金を回収するのは、手形の呈示期間である支払期日およびその翌営業日、翌々営業日に限る（手形法77条１項３号、38条１項）。

c　一部返済（内入れ）

手形貸付金について一部返済がなされた場合は、取引先からの請求があれば領収書を交付し、手形上に記載する義務が生じるが（手形法77条１項３号、39条３項）、通常は計算書を交付するのみでよい。

第2節　証書貸付

1　証書貸付の概要

(1)　意　　義

証書貸付とは金銭消費貸借契約証書を受け入れて融資を行う融資形態であり、金融機関の融資の代表的なものである。証書貸付の法的性質は金銭の消費貸借（民法587条以下）であるところ、その形態としては、①目的物である金銭の授受によって成立する要物契約（同法587条）のほか、②書面でする諾成的消費貸借（同法587条の２）があり、実務においては、融資の内容に応じて使い分けられている。

金銭消費貸借契約証書は、融資の証拠としての借用書であるとともに、書面でする諾成的消費貸借においては契約の成立要件でもある（要式行為）。

(2)　債権法改正

a　書面でする諾成的消費貸借

改正前民法の規定では、消費貸借は要物契約とされていたが、判例が諾成的消費貸借契約を認めていたことなどをふまえ、債権法改正では、要物契約としての消費貸借と併存して諾成契約としての消費貸借（諾成的消費貸借）が新たに定められることとなった。この諾成的消費貸借契約の成立には、消費貸借契約が安易に締結されることを防ぐという観点から、書面または電磁的記録によることが要件とされている（民法587条の２第１項・４項）。

この書面でする諾成的消費貸借契約が成立すると、貸主に対する借主の目的物の引渡請求権（貸主側からみると「貸す義務」）が発生する。目的物を受け取るまでは借主は契約を解除することができる一方で、この解除権の行使によって貸主が損害を受けたときは、貸主は借主に対してその賠償を請求することができる（民法587条の2第2項）。その他、借主が貸主から目的物を受け取る前に当事者の一方が破産手続開始の決定を受けたときは、その効力を失うこととされている（同条3項）。

b 影　響

(a) 金銭消費貸借契約証書の受入れと諾成的金銭消費貸借の成否

金融実務においては、融資事務を円滑に行うために、融資実行日よりも前に金銭消費貸借契約証書を受け入れる慣行が成り立っている。要物契約においては、金銭の授受をもって消費貸借契約が成立することになるが、債権法改正により書面による諾成的消費貸借が認められたことから、金銭消費貸借契約証書の受入れをもって書面による諾成的消費貸借契約が成立する（金融機関側からみれば「貸す義務」が発生する）可能性があるため、予定する消費貸借のあり方に応じて、金銭消費貸借契約証書の文言等を調整することが求められる。

たとえば金銭授受をもって消費貸借を成立させようとする場合には、①契約文言を通じて要物契約であることを明確にする方法（この場合、融資実行日よりも前に金銭消費貸借契約証書を受け入れる点については、要物契約のための準備行為という位置づけになる）、②金銭の授受を停止条件とする消費貸借による方法等が考えられる。

(b) 書面による諾成的消費貸借の場合の貸主による解除

書面による諾成的消費貸借においては、借主に信用不安が生じた場合まで「貸す義務」を負わないようにする観点から、借主に一定の信用不安事由が生じた場合を契約の終了事由とすることで、融資義務を免れる場合を明確化しておくことが考えられる。

(c) 借主による解除と損害賠償

書面による諾成的消費貸借においては、目的物を受け取るまでは借主は契約を解除することができるため、市場金利連動型貸出のように金利ファンディングをした以降に解除となる場合がありうる。この場合、ブレークファンディングコストが生じうるため、実務的には、損害賠償の予定条項を設けることで、相当額を請求できるようにしておくことが考えられる。

⑶ 特　　徴

証書貸付は金銭消費貸借契約証書により必要に応じた特約を定めることができるため、従来、企業に対する設備資金融資・長期運転資金融資、個人に対する住宅資金等の消費者金融、あるいは政府系金融機関融資など、融資期間が長期にわたる取引によく利用されている。また、融資金利について市場ベースの金利を導入する場合やデリバティブ取引を利用した融資商品においては、複雑な特約条項の取決めを要するため、証書貸付に対するニーズが高い。

また、返済が滞ったときに直ちに強制執行に着手することのできる強制執行認諾文言付きの公正証書を作成する場合は証書貸付の形式が必要となる。その他の特徴としては次の点がある。

① 証書貸付の金銭消費貸借契約証書に課される印紙税は手形貸付の手形に対する課税に比べて割高であるが、手形貸付の手形が書替ごとに課税される点を考慮すれば長期融資の場合はかえって割安になる。なお、電子契約の導入に伴い、証書貸付が電磁的記録によってなされることが増加してきている。電子契約による場合には印紙税は課されていない。

② 手形貸付の利息が前取りを原則とするのに対して、証書貸付の利息は前取り・後取りのいずれも取り扱うことができる。さらに利息支払日も合意によって定め、期間ごとに利率を変えて約定し、一定の基準となる金利の変動に連動して適用利率が変動する特約をするなど、利息支払について各種の取決めを行うことができる。

③ 長期間にわたって返済・利払いの約定を定めることによって、約定に従って返済・利払いをシステムにて管理し受けることになり、回収事務処理の合理化を図ることができる。一方で取引先との接触の機会は手形貸付に比べて少なくなるために別途取引先の業況把握の機会・方法を講じることが必要になる。

⑷ 電子契約の増加

従来、証書貸付は書面（紙）に署名または記名・捺印がなされるかたちで行われていたところ、近時、電子契約の導入により、電子署名や電子サインを活用した電磁的記録による方法が増加してきている。

融資契約そのものの問題ではないが、書面と押印による場合にはいわゆる二段の推定により一定の証拠力が担保される一方で、電子契約の場合には利用する電子署名や電子サインによってはこの推定効が働かない場合があるため、電子契約の導入にあたっては、契約締結段階での本人確認や契約交渉過程におけるやりとりなどを含めて総合的に手続を検討することがよりいっそう重要である。

2　融資取引上の留意点

(1)　実　　行

a　受入書類

(a)　銀行取引約定書と証書貸付

証書貸付を実行する場合も、銀行取引約定書との関係は手形貸付と同様である。すなわち事前あるいは同時に銀行取引約定書を締結しておく。銀行取引約定書をすでに締結ずみの取引先であれば重ねて締結する必要はない。証書貸付について一般に必要とされる特約も手形貸付と同様にすべて銀行取引約定書に盛り込まれている。

(b)　金銭消費貸借契約証書

証書貸付を実行する場合は金銭消費貸借契約証書（以下「契約証書」という）を受け入れる。一般に契約証書は契約当事者の双方が調印する形式と債務者が債権者に差し入れる形式がある。双方調印の場合は金融機関の代表者の調印が増えて手間がかかり、また通常債務者と金融機関がそれぞれ原本を保管するために2通作成するので印紙税がかさむという欠点があり、書面による諾成的消費貸借による場合を除き、一般には金融機関で制定した差入方式の契約証書書式を使用している。

書式２　差入方式の契約証書例（要物契約の場合）

収入印紙

金銭消費貸借契約証書

令和　年　月　日

株式会社　　銀行御中

住所
債務者　　　　　　　　　　㊞
住所
連帯保証人　　　　　　　　㊞

債務者は、別に○○銀行（以下「銀行」という）と合意した銀行取引約定書の各条項を承認のうえ、銀行と次のとおり金銭消費貸借契約を締結します。

第１条（金銭消費貸借）

債務者は、次の要項に基づき銀行から金銭を借り受けました。

(1)　借入金額
(2)　資金使途
(3)　利率・遅延損害金の割合
(4)　返済方法
(5)　利払方法
(6)　返済用預金口座

第２条（一部繰上げ返済）

債務者は、一部繰上げ返済を行う場合に、特に申出がない限りその後も前条により返済し、最終返済期限を繰り上げるものとします。

第３条（元利金などの預金口座よりの引落し）

(1)　債務者が支払うべき元金は、第１条(6)の返済用預金口座から約定返済日に当該金額を引落しのうえ支払に充当してください。
①　この取扱いについては当座勘定規定または普通預金規定・総合口座取引規定にかかわらず、小切手または普通預金・総合口座通帳および同払戻請求書の提出は省略します。
②　返済用預金口座の支払資金が、返済日に支払額に満たないときは、同日以降支払額に達したのち、いつでも銀行は同様に処理することができます。
(2)　利息・損害金その他この借入に伴う諸差引金についても、本条(1)に準じ返済用預金口座から引き落としてさしつかえありません。
(3)　本条の方法によらない場合には銀行の指示に従います。

第４条（費用負担）

債務者は、この証書および第７条の証書作成ならびに担保物件の処分その他この約定に関するいっさいの費用を負担します。

第5条（保証）

(1) 保証人は、債務者がこの約定によって負担するいっさいの債務について、債務者の委託を受け、債務者と連帯して保証債務を負い、その履行については債務者が別に銀行と合意した銀行取引約定書の各条項のほかこの約定に従います。

(2) 保証人は、銀行がその都合によって担保もしくは他の保証を変更・解除しても免責を主張しません。

(3) 保証人がこの保証債務を履行した場合、代位によって銀行から取得した権利は債務者と銀行との取引継続中は、銀行の同意がなければこれを行使しません。もし銀行の請求があれば、その権利または順位を銀行に無償で譲渡します。

(4) 保証人が、債務者の銀行に対する債務についてこの保証のほかに保証をしている場合または将来保証をする場合には、特約のない限り総保証額はこれらの保証の合計とし、この保証によって他の保証は影響を受けないものとします。

(5) 保証人が、この保証債務の整理について平成25年12月5日に経営者保証に関するガイドライン研究会（全国銀行協会および日本商工会議所が事務局）が公表した経営者保証に関するガイドライン（公表後の改定内容を含む）に則った整理を申し立てた場合には、銀行は同ガイドラインに基づき当該整理に誠実に対応するよう努めるものとします。

第6条（保証人への履行の請求の効力）

銀行が保証人に対して履行の請求をしたときは、債務者および他の保証人に対してもその効力が生ずるものとします。

第7条（公正証書の作成）

債務者および保証人は、銀行の請求があるときは直ちにこの約定による債務について強制執行の認諾ある公正証書を作成するために必要な手続をします。

【契約証書例（要物契約）の約定の説明】

○ 前文……本件金銭消費貸借契約に銀行取引約定書の約定適用があることを確認している。

○ 第1条（金銭消費貸借）……金銭消費貸借の借入・返済に関する内容を定めるとともに、「金銭を借り受けました」とし、現実にも契約証書の日付で金銭の授受がなされることを通じて、要物契約としての金銭消費貸借契約が成立することを示すようにしている。これにより金融機関は別途領収書を受け入れる必要はない。なお、なんらかの都合により金銭消費貸借契約証書の日付より金銭授受の日（実行日）が後になった場合には、契約日付の訂正等の対応が考えらえる。

資金使途の記載は、金融機関は債務者の資金計画の内容を確認して妥当と判断して融資を実行し、資金が計画と異なる用途に流用されることを防止する必要があり、実際に流用された場合に約定違反として銀行取引約定書（５条２項３号）により期限の利益を喪失させ、早期に回収手段をとることができるようにしておくためである。

○　第２条（一部繰上げ返済）……一部繰上返済がされた場合の残債務について、当初約定弁済条件との関係を明らかにする約定である。本条では当初約定弁済条件どおりの日付・金額で弁済し当初最終弁済期限を待たず全額弁済時点で完済する取扱いとしている。本約定と異なる弁済条件としたいとの申出を受けた場合は、別途弁済条件の変更契約を締結する。

長期資金融資で金融機関が金利スワップを組むなど調達資金とひも付きになっている場合は、一部繰上返済など約定外返済がなされると損害が発生するおそれがあるために、期限前弁済・一部繰上返済そのものを禁止するとの特約や、金融機関が承認する場合に限り期限前弁済・一部繰上返済が可能であり、その場合に発生した損害を債務者が負担する（ペナルティ条項）との特約を締結することがある。

○　第３条（元利金などの預金口座よりの引落し）……証書貸付の約定元利金・遅延損害金や印紙代その他の費用支払を自動振替扱いとする特約である。

○　第４条（費用負担）……契約証書の印紙代、公正証書作成費用、担保処分費用などを債務者の負担とする特約である。借入に関する諸費用を金融機関が負担せずに取引先に負担させることは不平等な契約ではないかという疑問もあるが、融資取引において諸費用を金融機関が負担するとなると全体の融資コストが上昇し全体の金利に影響しうるために、むしろ個別の取引ごとに異なる諸費用は金利と切り離して扱うほうが、個々の取引をみれば公平な方法であるということができよう。

○　第５条（保証）……契約証書上に連署する保証人との保証契約の特約である。

○　第６条（保証人への履行の請求の効力）……債権法改正により、原則として連帯保証人に対する履行の請求は主債務に対してその効力を生じないとされたところ（民法458条において準用する441条）、合意によりその効力を及ぼすこととしている。

○　第７条（公正証書の作成）……本条はいわゆる強制執行認諾約款付公正証書作成承諾条項である。金融機関が行う証書貸付においては通常公正証書を作成することは少なく、本条により必要な場合に公正証書を作成することとしている。ただし、実際に公正証書を作成するには取引先の協力が必要となるために、いざというときには協力が得られることは期待しがたく、本条が機能する機会は少ないといえる。

強制執行認諾約款付公正証書は債務名義の要件を具備し（民事執行法22条5号）、直ちに強制執行手続をとることができるために、債権保全上非常に強力な手段となる。公正証書がない場合に強制執行手続をとるためには、通常融資金の支払請求訴訟による確定判決（これが債務名義となる）を得る必要があり、新たに訴訟費用と時間を要する。

書式3　双方調印方式の契約証書例（書面による諾成的消費貸借契約の場合）

収入印紙

金銭消費貸借契約証書

令和　年　月　日

株式会社　　銀行御中

住所
債務者　　　　　　　　㊞
住所
連帯保証人　　　　　　㊞
住所
銀行　　　　　　　　　㊞

債務者と○○銀行（以下「銀行」という）は、別に合意した銀行取引約定書の各条項を承認のうえ、次のとおり金銭消費貸借契約を締結します。

第1条（諾成的金銭消費貸借）

債務者は、次の要領に基づき銀行から金銭を借り受けることを申し込み、銀行はこれを承諾しました。但し、その内容は後記特約によります。

⑴　借入金額
⑵　資金使途
⑶　利率・遅延損害金の割合
⑷　返済方法
⑸　利払方法
⑹　返済用預金口座

第2条（一部繰上げ返済）

債務者は、一部繰上げ返済を行う場合に、特に申出がない限りその後も前条により返済し、最終返済期限を繰り上げるものとします。

第3条（元利金などの預金口座よりの引落し）

⑴　債務者が支払うべき元金は、第1条⑹の返済用預金口座から約定返済日に当該金額を引落しのうえ支払に充当してください。

①　この取扱いについては当座勘定規定または普通預金規定・総合口座取引規定にかかわらず、小切手または普通預金・総合口座通帳および同払

戻請求書の提出は省略します。

② 返済用預金口座の支払資金が、返済日に支払額に満たないときは、同日以降支払額に達したのち、いつでも銀行は同様に処理することができます。

(2) 利息・損害金その他この借入に伴う諸差引金についても、本条(1)に準じ返済用預金口座から引き落としてさしつかえありません。

(3) 本条の方法によらない場合には銀行の指示に従います。

第4条（費用負担）

債務者は、この証書および第8条の証書作成ならびに担保物件の処分その他この約定に関するいっさいの費用を負担します。

第5条（契約の終了）

(1) 債務者について、別に債務者と銀行の間で合意した銀行取引約定書の第5条第1項各号の事由が一つでも生じた場合、銀行から通知がなくてもこの契約は終了するものとします。

(2) 金融情勢に変化が生じた場合、債務者について、別に債務者と銀行の間で合意した銀行取引約定書第5条第2項各号の事由が一つでも生じた場合、その他相当の事由があるときは、銀行はいつでもこの約定を解約することができるものとします。

第6条（保証）

(1) 保証人は、債務者がこの約定によって負担するいっさいの債務について、債務者の委託を受け、債務者と連帯して保証債務を負い、その履行については債務者が別に銀行と合意した銀行取引約定書の各条項のほかこの約定に従います。

(2) 保証人は、銀行がその都合によって担保もしくは他の保証を変更・解除しても免責を主張しません。

(3) 保証人がこの保証債務を履行した場合、代位によって銀行から取得した権利は債務者と銀行との取引継続中は、銀行の同意がなければこれを行使しません。もし銀行の請求があれば、その権利または順位を銀行に無償で譲渡します。

(4) 保証人が、債務者の銀行に対する債務についてこの保証のほかに保証をしている場合または将来保証をする場合には、特約のない限り総保証額はこれらの保証の合計とし、この保証によって他の保証は影響を受けないものとします。

(5) 保証人が、この保証債務の整理について平成25年12月5日に経営者保証に関するガイドライン研究会（全国銀行協会および日本商工会議所が事務局）が公表した経営者保証に関するガイドライン（公表後の改定内容を含む）に則った整理を申し立てた場合には、銀行は同ガイドラインに基づき当該整理に誠実に対応するよう努めるものとします。

第７条（保証人への履行の請求の効力）

銀行が保証人に対して履行の請求をしたときは、債務者および他の保証人に対してもその効力が生ずるものとします。

第８条（公正証書の作成）

債務者および保証人は、銀行の請求があるときは直ちにこの約定による債務について強制執行の認諾ある公正証書を作成するために必要な手続をします。

【特約】

第１条の金銭は、令和○年○月○日に借り受け、債務者名義の銀行××支店△△預金口座番号×××××××に入金するものとします。

【契約証書例（書面による諾成的消費貸借契約）の約定の説明】

○　当事者……書面による諾成的消費貸借契約における「書面」には、金銭を貸す旨の貸主の意思とそれを借りる旨の借主の意思の双方が表れたものであることが必要とされている。これをふまえ、契約証書例では双方調印方式としている。ただし、これら二つの意思が１通の書面に表れていなければならないものではないため、差入方式に加えて金融機関のほうで別途の意思を示すといった方法も考えられる。

○　第１条（諾成的金銭消費貸借）……諾成的金銭消費貸借であることをふまえ、金銭を借り受けることの申込みと承諾の意思表示を記載している。

○　第５条（契約の終了）……諾成的金銭消費貸借契約締結後に借主に一定の信用不安事由が生じた場合に融資義務を免れる観点からの条項である。

○　このほか、たとえば市場金利連動型貸出のようなケースにおいては、特約書を締結し、借主による解除があった場合における損害賠償の予定条項等が設けられている。

b　契約証書の点検

(a)　個別記入項目の点検・記入

金融機関制定の契約書式を使用する場合には、前記契約証書例１条の借入要項の各項目がすべて記入されていることを確認する。差入方式の契約証書は取引先が作成するものであるから、記入項目も（原則）取引先に記入してもらう。主な記入項目についての注意点は次のとおりである。

①　借入金額……融資金元金額とする。金額頭部は「金」その他の記号を表示して、改ざんされないようにする。

[分割実行の場合]

分割実行とは、融資金を一度に全額実行せず必要な時期に数回に分割して実行することを一契約で合意する融資の方式である。この場合、要物契約ではなく書面による諾成的消費貸借となるため、分割する融資金額と実行（予定）日を合計金額とともに追記する。個別の分割実行の際には、そのつど融資金の領収書を受け入れることが考えられる。

—分割実行内容記載例—

金100,000,000円

ただし、令和○年○○月○○日に50,000,000円

令和○年○○月○○日に50,000,000円

② 資金使途……「長期運転資金」「自宅新築資金」等具体的に記載する。

③ 利率・遅延損害金の割合……「年3.25%」などと年率表示する。遅延損害金の料率は銀行取引約定書により年14%と定めているが、債務者に認識してもらうために、契約証書にも表示しておくほうがよい。分割返済約定の分割返済金が延滞した場合、契約上は延滞元金について遅延損害金の料率が適用されることになるが、実務上は一時的な返済遅延にすぎない場合は約定利率のままで受け入れることがある。

④ 返済方法……返済日・返済金額が特定できるように記載する。分割返済の場合は、返済金額の合計が融資金額と一致することを確認する。

—分割返済の場合の記載例—

「令和○年○○月○○日を第1回返済日として、毎月末日（休日の場合は前営業日）に各○○○○円、最終返済期限令和○年○○月○○日に○○○○円を返済する。」

⑤ 利払方法……どの期間の利息を何日に支払うかを明確に決める。ある期間の利息を期間の始めに払う場合を「前取り」、期間の終わりに払う場合を「後取り」という。手形貸付の場合はほとんどが前取りで

あるが、証書貸付では取引先との合意により前取りか後取りかを取り決める。外貨建貸付については慣習により後取りとされる。

また、融資実行日から返済日までの利息を計算する場合に、融資実行日と返済日の両方とも日数に算入することを「両端入れ」という。「両端入れ」に対して融資実行日と返済日の一方を算入しない場合を「片端入れ」という。融資期間中の分割利払いについては、前回の利息計算期間の終期と次の利息計算期間の始期は重複しないようにする。

―前取り分割利払いの記載例―

「借入日を第1回利払日として、毎月末日（休日の場合は前営業日）に利払日の翌日（第1回の場合は借入日）から次回利払日までの借入残高に対する利息を支払う。」

―後取り分割利払いの記載例―

「令和○年○○月○○日を第1回利払日として、毎月末日（休日の場合は前営業日）に前回利払日の翌日（第1回の場合は借入日）から利払日までの借入残高に対する利息を支払う。」

（注）休日の場合の利払日は前営業日とするほか、翌営業日とする場合もある。

(b) その他の注意事項

契約証書には所定額面の収入印紙を貼付し、債務者の届出印により消印を受ける。消印がもれていた場合には、取引先担当者のサインによりかえることもできる。収入印紙の貼付もれ・額面不足があっても契約内容の有効性には影響がないが、後日過怠税が課されるので注意する。

債務者および連帯保証人には必ず各本人の自署・捺印を受ける。法人の場合は届出の署名判を使用して記名・捺印でよい。

c 代り金の交付

証書貸付の実行代り金を交付する場合の注意点は手形貸付の場合と同じである。

⑵　回　　収

a　約定弁済

⒜　約定弁済金の預金口座からの自動振替え

証書貸付元利金の弁済は、約定（前記契約証書例３条参照）に基づき債務者預金口座からの自動振替えによる。預金口座は必ず債務者本人預金を指定してもらう。債務者以外の預金口座とすると、たとえ当該預金への資金の入金が債務者本人からなされる場合であっても融資金の弁済は第三者弁済となり法律関係が複雑になるからである。

⒝　弁済遅延時の取扱い

約定弁済日に資金が不足して約定弁済元利金が延滞した場合も、約定（前記契約証書例３条参照）に基づき後日約定弁済元利金および遅延損害金を預金口座から引き落とすのであれば、上記⒜と同様に自動振替えにより処理することができる。

b　約定外弁済

約定外の期限前弁済や約定弁済元利金に満たない金額の弁済を受ける場合は、自動振替えの特約が適用されないので預金の引落しには支払証憑の受入れが必要である。

c　全額回収時の取扱い

証書貸付元利金を全額回収した場合は、債務者から返却希望があれば、完済の旨記載し担当役席者が押印した契約証書のコピーに原本の受領印を受け入れたうえで原本を返却する。なお、普通抵当権が設定されている場合は同時に抵当権の抹消手続を忘れてはならない。手形貸付と同様、未収利息が残存する場合、契約証書は返却しない。

⑶　条件変更

a　利率の変更

銀行取引約定書３条１項は「利息、……についての割合および支払の時期、方法の約定は、金融情勢の変化その他相当の事由がある場合には、一般に行われる程度のものに変更を請求することができるものとします」と規定しているが、個別に利率を変更するに際しては基本的に債務者との合意が必要である。変更の合意はつど利率変更契約証書を締結するのが原則であるが、口頭の合意により利息計算書を金融機関から送付して事後確認することもある。さらに抵当権が設定されている場合に利上げ後の利率の変更登記を行わないと、登記した利率を超える分の利息は第三者に対抗できないが、特別な場合を除き省略されることがある。

利率変更の合意においては、何日から新利率を適用するのかを明確にしておく。

b　弁済条件・利払条件の変更

条件の変更の多くは債務者からの申出による条件の緩和、すなわち分割弁済金額の減少、分割弁済間隔の延長およびこれに伴う最終弁済期限の延長である。分割弁済間隔の延長には通常利払間隔の変更が伴う。条件変更は債権保全上問題がないかを検討して、必ず変更契約証書を受け入れる。また保証人がいる場合は、主たる債務の目的または態様において加重されるようであれば、保証人の同意をとっておく。

書式4　利率変更契約証書

利率変更契約証書

令和　年　月　日

株式会社　　銀行御中

債務者住所・氏名　　　　　　　　㊞

債務者の令和　年　月　日付金銭消費貸借契約に基づく○○銀行からの借入金（現在残高　　　円）の利率を令和　年　月　日から下記のとおり変更します。

変更後利率　　年　　％（変更前利率　　年　　％）

書式5　条件変更契約証書

条件変更契約証書

令和　年　月　日

株式会社　　銀行御中

債務者　　　住所・氏名　　　　　　㊞

連帯保証人　住所・氏名　　　　　　㊞

債務者の令和　年　月　日付金銭消費貸借契約（以下「原契約」という）に基づく○○銀行からの借入金（現在残高　　　円）について、次のとおり変更契約を締結します。本契約に定めるものを除き原契約および本日までの変更契約は従来どおりとします。

記

1．借入元金弁済条件の変更

2．利払条件の変更

第3節　手形割引

1　手形割引の概要

(1)　意　　義

金融機関における手形割引とは、取引先が取得した商業手形・荷付為替手形・銀行引受手形を割り引くことをいうが、本節では商業手形の割引について説明する。

手形割引の法的性質については消費貸借説、売買説があるが、売買説が主流であり金融実務も売買説を前提としている。売買説によれば手形割引は「支払期日未到来の商業手形を買い取ること」になる。手形の買取価格は、手形額面に対して取引先と合意した料率により割引日から支払期日までの期間対応の「割引料」を計算し、手形額面から割引料を控除した額である。この割引料は手形貸付などの金銭消費貸借における利息に相当する。

なお、政府は、約束手形の利用廃止、小切手の全面的な電子化の方針を示している。また、手形交換制度に関しては、令和4年11月4日に「電子交換

図表3－2　電子交換所における決済

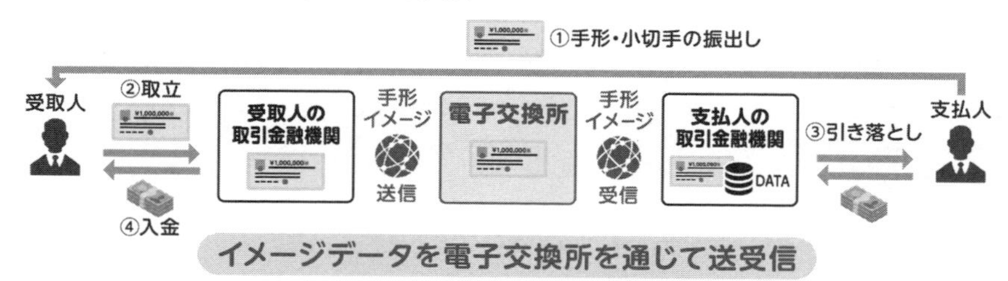

（出所）　全国銀行協会ホームページ「手形交換制度」
https://www.zenginkyo.or.jp/abstract/efforts/system/tegata/

所」に移行した（これに伴い各地手形交換所は廃止された）。

(2) 特　　徴

手形割引は手形売買の形態を利用した金融方法であり、手形貸付と並んで金融機関の短期運転資金融資の主流をなしていた。手形割引の特徴は次のとおりである。

a　回収方法

手形貸付等の資金は債務者から回収するのが通常であるが、手形割引の場合は割引手形の支払人が手形を決済し、その決済資金により回収するのが通常である。

ただし手形が不渡りになったときには、金融機関は手形訴訟等により債務名義を得て支払人の一般財産を差し押さえることになるが、費用と時間がかかるうえに支払人と取引がない場合は資産把握がむずかしく、全額回収できないことが多い。一方、手形割引を手形の売買と解するため、割引依頼人に対しては手形上の裏書人として遡求権行使ができるのみとなるが、遡求権行使には手形法に厳格な規定があり実務上不便である。たとえば手形法45条によれば金融機関は裏書人に対して手形の支払呈示日から４取引日以内に支払拒絶通知を要する。そこで実際には銀行取引約定書で取引先が不渡手形の「買戻債務」を負担する特約を設けて、手形貸付等と同様の方法により不渡手形の資金を債務者から回収することができるようにしている。

b　債権保全

別の観点から上記ａの特徴をみると、手形割引においては金融機関は手形支払人と割引依頼人のいずれに対しても債権回収ができることになり、債権保全上は手形貸付・証書貸付に比較して有利である。特に手形支払人が優良企業の場合には資金回収が確実になり、信用の低い割引依頼人との手形割引取引が容易になる。

c　融資効率

商業手形の割引依頼日から支払期日までの期間は通常数カ月と短く、金融機関にとっては資金の回転が速いために資金運用面で効率がよい。一方、手形は１件ごとに信用調査を要し、割引後には手形の保管・期日管理・取立入金等の事務負担が大きい点で非効率となるおそれもある。融資効率という観点からは、手形割引は支払人の信用が高く、手形期間が短く、額面金額がある程度大きい手形を割り引くことが必要となる。

2　取引上の留意点

(1)　実　　行

a　受入書類

(a)　銀行取引約定書

手形割引を実行する場合も、銀行取引約定書との関係は手形貸付と同様である。すなわち事前あるいは同時に銀行取引約定書を締結しておく。銀行取引約定書をすでに締結ずみの取引先であれば重ねて締結する必要はない。手形割引について必要とされる特約も手形貸付と同様にすべて銀行取引約定書に盛り込まれている。

そのうち最も重要な規定は銀行取引約定書6条の割引手形の買戻条項である。同条1項は、割引依頼人が5条1項の期限の利益当然喪失事由に該当した場合は全部の割引手形について当然に買戻債務が発生し、手形が不渡りになった場合、および手形支払人が期限の利益当然喪失事由に該当した場合はその支払人の手形について当然に買戻債務が発生すると定める。6条2項は債権保全を要する場合は金融機関の請求により買戻債務が発生すると定める。

(b)　手形割引申込書と手形

手形割引は手形の買取りであり割引に先立ち手形の信用調査を要するので、取引先から割引希望手形の概要を記載した「手形割引申込書」の提出を受ける。経常的な割引先の場合は手形現物も同時に預かることが多いが、新規取引先や業況不振先などはまず申込書のみ提出を受けて手形の信用調査を行い、割引可能な手形を選定した後に手形を受け入れることとしている。いったんすべての手形を預かると取引先に融資の期待をもたせる結果、一部の割引を拒絶すると融資義務違反等の理由でトラブルが発生するからである。

図表３－３　商業手形（約束手形）見本

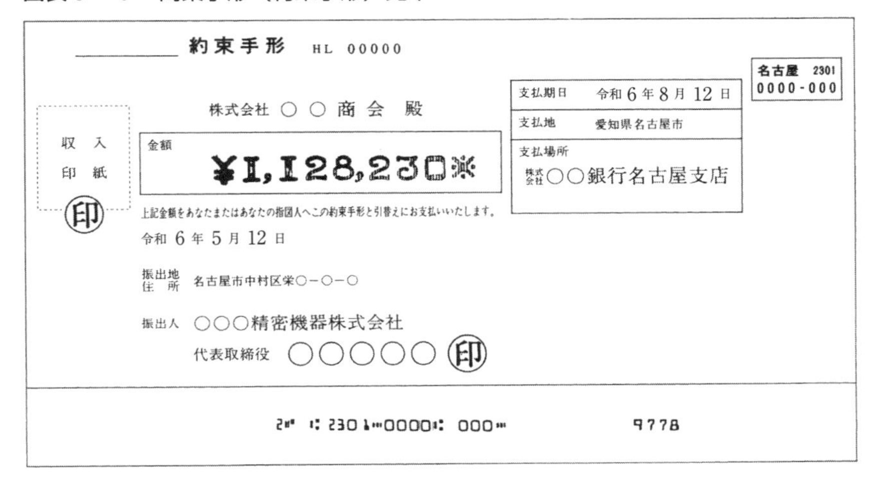
約束手形　HL 00000

名古屋 2301
0000-000

株式会社 ○ ○ 商 会 殿

収 入
印 紙
印

金額
¥1,128,230※

上記金額をあなたまたはあなたの指図人へこの約束手形と引替えにお支払いいたします。

令和 6 年 5 月 12 日

支払期日　令和 6 年 8 月 12 日
支払地　愛知県名古屋市
支払場所　株式会社○○銀行名古屋支店

振出地
住　所　名古屋市中村区栄○－○－○

振出人　○○○精密機器株式会社
代表取締役　○○○○○ 印

2　2301　0000　000　9778

b　手形の形式点検

(a)　手形要件の点検

商業手形が手形法１条（為替手形）、75条（約束手形）に定める手形要件を満たしていることを確認する。

最も多い約束手形の場合、金融機関制定の手形用紙に印刷ずみの項目以外の個別記載事項は「金額」「満期日」「支払を受ける者」「振出日」「振出地」「振出人の署名」である。それぞれの注意点は次のとおりである（以下、特に明示しない限り手形は約束手形について説明する）。

ア　金　　額

金額が手形の所定欄に記入されていることを確認する。金額は慎重を期すために、あらかじめ鉛筆などで欄外に複記されることがあるが、手形上は鉛筆書きであっても金額であるので、複記金額が同額であることを確認する。複記金額が異なる場合に手形法では、文字と数字の複記の場合は文字金額を、文字または数字同士の複記の場合は最小金額を手形金額とする（手形法６条、77条２項）。しかし、手形振出しの原因となった取引の金額が手形法により確定する金額と一致するとは限らないので、複記金額が異なる手形は割引に適さない手形ということができる。

イ　満期日

日付が暦にある将来の日となっているか。依頼日に接近しすぎる満期日の場合は、手形の呈示期間中（満期日およびその後２営業日）の呈示が可能かを確認する。

ウ　支払を受ける者（受取人）

第一裏書人名と一致するか。実際に割引に持ち込まれる手形の受取人名のほとんどは割引依頼人である。受取人名は白地のままの手形がよく見受けられるが、手形要件であるために割引依頼人に補充してもらう。

エ　振出日

振出日記載の日付が暦にない日の手形、満期日より先の手形は無効とする判例があるので注意する。振出日も白地のままであることが多い。振出日は手形内容として実質上の意味はあまりないが、手形要件であり白地のままで支払呈示しても呈示の効果は認められないので補充の必要がある。理論上は割引金融機関に白地補充権があるので適当な暦上の日を補記すればすむのであるが、実務としては後日のトラブル防止のために割引依頼人に補充してもらうべきである。

オ　振出地

金融機関制定の統一手形用紙においては、振出地は振出人の住所を記載することにより同時に記載したことになる。振出人の住所が記載されていれば振出人の肩書地が振出地とみなされることを利用したものである（手形法76条４項）。

カ　振出人の署名

手形の振出人欄に署名（または記名）捺印があることを確認する。振出人が法人の場合には、記名について法人の名称のみでなく法人の代表者の肩書と代表者名の記載が必要であるので注意を要する。

(b)　裏書の点検

通常の手形の裏書は譲渡裏書で手形上の権利を譲渡する行為であり、ほかに取立委任裏書、質入裏書があるが、手形割引に適する手形の裏書は譲渡裏書でなければならない。割引対象手形の裏書に関する点検事項をまとめると次のとおりである。

ア　裏書が連続していること

手形の受取人から最終裏書人である割引依頼人までの裏書が連続していることを確認する。裏書が連続しているといえるためには、受取人名と第一裏書人名、第一裏書の被裏書人名と第二裏書人名と順に同一であることを要するが、１字１句同一を要求されるわけではなく、手形上の記載の外観により同一と解されればよく、内容が真正であることを要しないとされている。ただし実際には個々に判断する必要があり判例も多いが、疑わしい場合は依頼人に訂正を依頼すべきである。

一例として「○○株式会社」と「○○株式会社△△支店」は連続する（大判明34．４．18民録７輯53頁）。また中間裏書の被裏書人名が白地の場合は白地のままで連続が認められる（手形法16条１項）。

裏書欄が不足して、補箋が使用されている場合は、補箋上の最初の裏書人による割印があることを確認する。

イ　単純な裏書（譲渡裏書）であること

裏書に「取立委任のため」あるいは「質権設定のため」という趣旨の記載があるものは譲渡裏書ではないので、そのまま割り引くことはできない。裏書に条件が記載されている場合は記載のないものとみなされる（手形法12条１項）が、実務としては割引に適さないといえよう。手形金額の一部のみの裏書は無効である（同条２項）。

手形上に「指図禁止」の文言がある手形は裏書により譲渡することが認められないので割引依頼人に返却する。

(c)　**記載事項の誤記・訂正**

手形の記載事項が訂正・抹消されている手形は注意を要する。主な例について説明する。

ア　手形要件の訂正

手形振出人が記載すべき手形要件の訂正箇所は手形の交付前であれば振出人の印により訂正できるが、金融機関としては訂正がいつなされたのか知ることができない。もしなんらかの事情で、後日訂正された場合は、訂正後の裏書人は訂正後の手形の記載内容に基づき責任を負い、振出人は訂正前の手形の記載内容に基づき責任を負う（手形法69条、77条1項7号）ので、同じ手形のなかで手形の内容が異なることが生じるおそれがある。したがって実務上は手形の支払に直接影響する手形金額、満期日、受取人の記載の訂正がある場合は、手形署名者全員の訂正印がそろっている場合に限って割引に応じることとしている。特に金額の訂正については影響が大きいので訂正があること自体を割引不適格とする金融機関が多い。手形用紙に印刷ずみの内容の訂正、たとえば支払場所の訂正がある手形も取立手続に支障が生じるので割引に適さない。

イ　裏書の抹消

裏書を書き損じた場合や、いったん行った裏書を抹消する場合は当該裏書欄全体に斜線（×印）を引く方法がとられる。この場合はその抹消が権限によりなされたか否かを問わず当該裏書はないものとみなされる（最判昭36.11.10金融法務事情297号12頁）ので、訂正印の有無に関係なく記載がないものとして取り扱う。

ウ　被裏書人欄の誤記

最終裏書（割引依頼人による裏書）の被裏書人欄は割引金融機関名となるが、同欄が白地のままの手形が持ち込まれることが多く、金融機関側で補充のために金融機関名のゴム印を押捺するが、誤って中間裏書の被裏書人欄に金融機関名のゴム印を押捺してしまうことがある。もちろんそのままでは裏書不連続となるが、本来当該欄の裏書人が抹消すべき欄を誤った金融機関で抹消することができるか。判例では被裏書人名のみの抹消は裏書の連続との関係では白地式裏書として扱うとしている（最判昭61.7.18金融法務事情1141号28頁）ので、実務では誤って記載した金融機関で抹消している。

c　手形の実質審査

手形割引には上記の形式点検に加えて、手形が実際に期日に決済されるかどうかを調査することが重要である。これは融資判断の分野となるので詳細の説明は省くが、方法は手形支払人の信用調査と支払人口名寄せ、および手形の成因調査が必要である。

支払人の信用調査は支払人が上場会社であるか取引金融機関が自金融機関の場合は詳細な情報が得られるが、取引がない非上場会社振出しの大多数の手形については取引金融機関への信用照会か信用調査機関に頼るほか、一般的に業種などの情報をもとに判断することになる。

そこで次に重要となるのが支払人口名寄せである。支払人口名寄せは割引済未決済手形残高を支払人別に集計したものである。その残高と残高推移はいろいろな分析に使用するが、特定の支払人への残高の偏りや急増に注意することにより、特定支払人の支払停止・倒産による与信リスク回避あるいは分散極小化を図る。特に依頼人の信用に依存できない場合に重要である。

手形の成因調査では現実の取引に基づいて発生した手形かどうか、いわゆる「融通手形」でないかを調査する。手形は商取引の資金決済手段に用いられるのが通常であるから、現実取引がありそうにない会社同士の手形取引や、予想される現実取引とは逆の手形取引となっていないかを判断する必要がある。現実取引を伴わない手形も手形としては要件を備えていれば有効であるが、いずれかの会社の倒産により不渡りになるリスクが高いからである。手形額面金額がちょうど何百万円、何千万円という「ラウンド金額」の手形に注意するのも同じく融通手形への警戒からであるが、実際の融通手形は巧妙に仕組まれているので、いろいろな手段を組み合わせて判定する必要がある。逆に現実取引に基づく手形は支払人に現実取引から発生した代金支払義務があるために、割引依頼人が倒産した場合も決済される可能性は高い。成因調査の手がかりとするために、手形割引申込書に手形成因記入欄を設けて取引先に申告してもらう金融機関も多い。

d　代り金の交付

手形割引の法的性質が売買とされる結果として、手形割引は取引先と金融機関との合意により成立する諾成契約（民法555条）であり、取引先は手形を金融機関に裏書して交付する債務を負い、金融機関は取引先に手形の代価として手形金額から割引料を控除した金銭を交付する債務を負う双務契約で、双方の債務は同時履行の関係にある（同法533条）。しかし一般の金融実務においては相互の信頼関係に立ち、取引先が裏書した手形を金融機関に交付し、金融機関は手形額面の合計金額全額を取引先預金口座に入金し、後日計算した割引料および取立手数料を取引先預金口座から引き落とし受け入れる手順をとる。割引料を差引きせずにいったん全額を入金することは、手形の対価としては過大であるが、金融機関の事務上の要請によるものである。

手形割引代金を取引先預金口座に入金することが金銭の交付に当たることは、手形貸付の場合と同じである。手形割引の資金使途は通常運転資金であるから、割引代金を直接現払いしたり振込み扱いとすることはまずない。

⑵ 手形の取立て・入金

a 手形の管理・取立て

割引手形は金融機関が手形権利者として保管・期日管理し、満期日に呈示しなければならない。手形の支払場所により、手形交換所に直接交換呈示できるもの（当所手形)、自行本支店を通じて交換呈示できるもの（本支店手形)、自店から直接取立呈示すべきもの（他行手形）と分かれるので、それぞれにあった期日管理を要するが、多くの金融機関では期日に余裕のある手形については集中管理している。

b 手形の入金

満期日に呈示した手形が決済されれば、支払人の決済資金により割引手形残高が減少し、融資金が回収される。ここで注意すべきことは、交換手形の不渡返還時限である。手形交換所に交換呈示された手形は、交換日当日は金融機関間の資金決済事務の都合上、とりあえず手形が決済される前提で残高を引き落とす扱いがなされる。決済されずに不渡返却される手形があれば、翌日の不渡通知または逆交換により資金の最終決済が確定する。その確定時限が不渡返還時限であり、不渡返還時限までは割引手形の決済は確定しない。

手形期日当日から不渡返還時限までの間に新たに手形割引の申込みを受けた場合には、決済不確定の手形が不渡返還される可能性が残っていることを念頭に与信判断をする必要がある。

⑶ 不渡手形の取扱い

a 割引依頼人からの回収

不渡手形については、金融機関はまず割引依頼人に手形を買い戻してもらうのが融資金を回収する通常の方法である。不渡手形と同一手形支払人の他の割引手形についても買戻債務が発生する（銀行取引約定書６条１項）ので、当該手形の満期日が未到来であっても割引依頼人は買い戻す義務があるが、実際の買戻時期を手形不渡りと同時期とするかどうかは金融機関の判断次第である。割引依頼人の資金繰り等の事情により買戻債務履行の一定期間猶予の申出を受けた場合は、金融機関は延滞債権の回収方針に従って対応することになる。

割引依頼人が買戻しに応じない場合は、金融機関は一般の延滞融資債権の回収と同じく割引依頼人あるいは保証人の預金との相殺や担保の実行等の強制的な回収手段をとる。また、これを事由として金融機関からの請求により、他の融資債権の期限の利益を喪失させることもできる。

b 手形支払人からの回収

⒜ 回収の手段

金融機関は不渡手形については割引依頼人に対する買戻請求権とともに手形所持人として支払人に対する手形上の権利を有するので、支払人に対して手形債務の履行を請求することもできる。支払人とたまたま銀行取引約定書を締結している場合は、支払人あるいはその保証人の預金があれば手形債権と相殺し、担保があれば処分することができるが、特約がない大多数の支払人からの回収は法律に基づく手段によらざるをえない。

⒝ 異議申立預託金からの回収

債務不履行を事由として不渡返還された場合は、電子交換所規則により支払人が不渡処分の対象とならないようにするために、支払金融機関から手形交換所に手形額面同額の不渡異議申立提供金を差し入れる必要があり、支払人は異議申立提供金の資金として異議申立預託金を支払金融機関に預ける。この場合の債務不履行内容は、支払人と受取人（大部分は割引依頼人である）との間の取引関係に基づくものがほとんどであり、実際に債務不履行の事実があったとしても、これを理由に手形支払を拒絶することができるのは受取人に対してのみであり、これを「人的抗弁の切断」という。例外として受取人以外の所持人が支払人を害するために手形を取得した場合に限り、所持人にも対抗することができる（手形法17条）。金融機関の手形割引において金融機関が例外事項に該当することはまずないので、支払人は手形の受取人以外の所持人である金融機関に対しては抗弁できないはずであるが、実際にはよく支払拒絶の口実に利用されている。

手形法上支払を受ける権利を有する金融機関は、支払人からの任意の支払がなされない場合は法的手段によるほかない。よく行われるのは支払人が支払金融機関に対して有する異議申立預託金返還請求権（債権）の差押えである。差押えを行うためには債務名義を得ることが必要であり、手形債権の債務名義を得る方法として最も利用されるのが手形訴訟による判決である（民事訴訟法350条以下）。手形訴訟では書面（手形）のみを証拠として判断され、必ず仮執行宣言が付される（同法259条２項）ので、迅速に債務名義を得られ早期の差押えが可能となる。ただし、手形訴訟において支払人から異議があれば通常訴訟に移行するので、判決を得るのに時間を要することになる。

ところで異議申立預託金を預かる支払金融機関が支払人に対して融資金などの債権を有する場合に、割引金融機関が異議申立預託金返還請求権を差し押さえると、支払人が差し入れている銀行取引約定書の特約により差押えの命令が発送されたときに融資金債権の期限が到来し、支払金融機関は自己の融資金債権と異議申立預託金返還請求権を相殺することが可能となる。このために時間と費用をかけて異議申立預託金返還請求権を差し押さえても従来は徒労に終わることが多かった。割引金融機関は身に覚えのない債務不履行を理由に手形の支払を拒否され、その回収手段も効果がないという事態が多く生じたために、現在では支払金融機関の前記相殺権は認めながら、電子交換所規則上、異議申立預託金返還請求権が相殺により消滅した場合は不渡報告を出すことを要することとされている。支払金融機関は異議申立預託金返還請求権との相殺を取引先の不渡処分を覚悟して行うことが必要となり、割引金融機関にとっては支払人が倒産状態にない限り、異議申立預託金返還請求権への差押えの成果を得る可能性が高まるといえる。

第4節　でんさい割引

1　でんさい割引の概要

(1) 意　　義

電子記録債権は、その発生または譲渡等に際して電子債権記録機関の記録原簿に電子記録を行うことが法律上の要件となっている債権である（電子記録債権法２条１項、３条)。従来の手形債権や指名債権を単に電子化したものではない。そして、全国銀行協会が設立した電子債権記録機関が株式会社全銀電子債権ネットワーク（通称「でんさいネット」）であり、その記録原

図表３－４　でんさいネットの取引イメージ

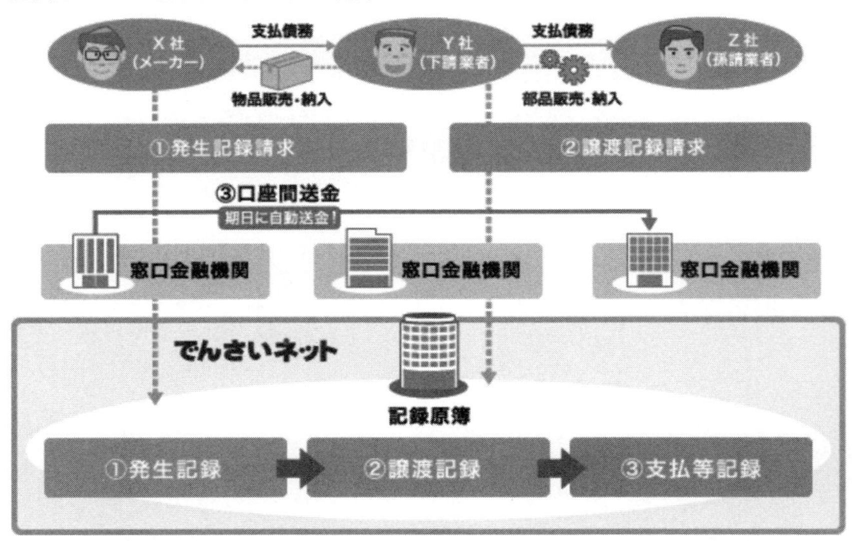

（出所）　全国銀行協会ホームページ「全銀電子債権ネットワーク（でんさいネット）」
（https://www.zenginkyo.or.jp/abstract/efforts/system/densai/）

簿へ記録することにより発生する電子記録債権を「でんさい」という。本節では、電子記録債権を利用した資金調達手段のうち、でんさい割引について説明する。

でんさい割引とは、でんさいネットの利用者が商取引に基づき代金支払のため発生させた支払期日未到来のでんさいを割り引くことをいう。でんさい割引の法的性質は、手形割引の法的性質について売買説が主流であり、金融実務も売買説を前提としていることから同様に考えることになる。売買説によれば、でんさい割引は「支払期日未到来のでんさいを買い取ること」になる。でんさいの買取価格は、でんさいの金額に対して取引先と合意した料率により割引日から支払期日までの期間対応の「割引料」を計算し、でんさいの金額から割引料を控除した額である。この割引料は手形貸付などの金銭消費貸借における利息に相当する。

(2) 特　　徴

でんさい割引は、電子記録債権の売買の形態を利用した金融方法であり、その特徴は次のとおりである。

a　実行方法

でんさいは電子データの送受信により譲渡をすることが可能である。そのため、でんさい割引ではインターネット経由で割引依頼人からの申込みを受け付けることができ、手形割引の手形のような現物を預かることはない。

また、でんさいは一部を分割して譲渡することが可能である。そのため、でんさい割引では手形割引とは異なり、でんさいの一部を分割して割り引くことができる。

b　回収方法

でんさいの決済は、口座間送金決済（いわゆる振込み）により行われる。でんさい割引の決済も同様であり、その決済資金により回収するのが通常である。

ただし、でんさいが支払不能になったときは、手形割引の場合と同様、金融機関は貸金返還請求訴訟等により債務名義を得てでんさいの債務者の一般財産を差し押さえることにより回収を図ることになる。しかし、費用と時間がかかるうえにでんさいの債務者と取引がない場合は資産把握がむずかしく、全額回収ができないことが多い。一方、手形割引とは異なり、金融機関は割引依頼人や中間裏書人に対する遡求権を取得することはないが、株式会社全銀電子債権ネットワーク業務規程（以下「でんさいネット業務規程」という）31条により割引依頼人およびそれ以前の中間裏書人が譲渡記録と同時に保証記録を行っているため、金融機関は電子記録保証債務履行請求権を取得することになる。また、手形割引と同様に、銀行取引約定書により割引依頼人が支払不能となったでんさいの「買戻債務」を負担する特約を設けて、支払不能となったでんさいの資金を割引依頼人から回収することができるようにしている。

なお、電子記録債権は物でも有価証券でもないことから、手形割引において手形を受け入れたときとは異なり、金融機関に商事留置権は発生しない。そのため、でんさいの譲渡記録後から割引代り金の支払までの間に、割引依頼人について破産手続の開始決定があった場合、金融機関は銀行取引約定書に基づき実行を取り消すこととなるが、金融機関宛てに譲渡記録されたでんさいをそのまま支払期日まで金融機関に留置することはできず、直ちに割引依頼人への再譲渡の譲渡記録を行わなければならない。その結果、金融機関はでんさいの決済代り金を割引依頼人に対する他の貸出債権の回収に充当することはできない。

c　債権保全

手形割引と同様、金融機関はでんさいの債務者と割引依頼人のいずれからも債権回収を図ることができる。そのため、債権保全上は手形貸付・証書貸付に比較して有利である。特にでんさいの債務者が優良企業の場合には資金回収が確実になり、信用の低い割引依頼人とのでんさい割引が容易になる。

d　融資効率

でんさいは、企業間決済において手形や売掛債権と同様の利用が想定されているため、支払期日までの期間が短い。したがって、でんさい割引は、手形割引と同様、金融機関にとっては、資金の回転が速く資金運用面で効率のよい融資といえる。

2　融資取引上の留意点

(1)　実　　行

a　受入書類

(a)　でんさいの利用申込書

でんさいに関する各種記録の請求は、原則として窓口金融機関を通じて行わなければならない（でんさいネット業務規程11条2項）。そのため、でんさいに関する取引を行う場合には、取引金融機関への届出が必要となる。

(b)　銀行取引約定書

でんさい割引を実行する場合も、事前あるいは同時に銀行取引約定書を締結する必要がある。でんさいは、電子記録債権という手形債権とは異なる債権であるから、銀行取引約定書をすでに締結して手形割引の取引を行っていても、電子記録債権に関する条項がない場合には、電子記録債権に関する事項が含まれるよう銀行取引約定書を変更する必要がある。電子記録債権取引に対応した銀行取引約定書とするための主なポイントは以下のとおりである。

ア　適用範囲

銀行取引約定書の適用範囲に「電子記録債権貸付」「電子記録債権割引」「電子記録債務者である電子記録債権」を例示として記載する。

イ　電子記録債権割引の効力発生時点

でんさい実務において、先日付の実行の申込みがあった場合に申込み後から割引金支払までの間にあらかじめ金融機関宛ての譲渡記録を行う場合は、割引代り金の支払より前に譲渡記録を行う旨の約定が必要となる。

ウ　期限の利益の当然喪失事由

手形の取引停止処分と同様に、でんさいにおける取引停止処分を期限の利益の当然喪失事由とする。

エ　買戻債務の発生に関する特約

手形割引と同様に割引依頼人が不渡手形の「買戻債務」を負担する特約を設けて手形貸付等と同様の方法により支払不能となったでんさいの資金を割

引依頼人から回収することができるようにする。

でんさい割引では、手形割引における割引依頼人や中間裏書人に対する遡求権を取得することはない。しかし、でんさいネット業務規程31条2項に基づき割引依頼人およびそれ以前の中間裏書人が譲渡記録と同時に保証記録を行っているため、金融機関は電子記録保証債務履行請求権を取得することになる。もっとも、金融機関は割引依頼人に信用悪化の兆候があっても、支払期日が到来するまでは、電子記録保証債務履行請求権を行使することはできない。そこで、銀行取引約定書でこのような買戻債務の発生に関する特約を設けることは、債権保全上重要である。

オ　相殺と相殺時の記録方法等

支払期日前の割引電子記録債権の相殺に関して、手形の取扱いと平仄が合うよう取扱いを定める。また相殺にあたっては電子記録債権の電子記録を伴うため、記録方法についても定めておく必要がある。

カ　免責事項

手形に関する免責事項と平仄の合った取扱いとなるよう、電子記録債権に関する免責事項を設ける。また、電子記録債権はインターネットを利用することから、IDやパスワードの盗用、不正使用があった場合における免責事項についても設ける必要がある。

(c)　でんさい割引申込書

でんさい割引の申込みは電子上で行うことができるため、必ずしも書面で申込書を受け入れる必要はない。

b　でんさいの形式点検

でんさいは形式要件を満たしていなければ、システム上で発生記録（手形の振出しに相当）を行うことができない。そのため、でんさい割引は手形割引とは異なり、割引受付時に形式点検をする必要はない。

c　でんさいの実質審査

でんさい割引にあたっては、でんさいが実際に期日に決済されるかどうかを調査することが重要である。調査の方法は、手形割引同様、でんさい支払人の信用調査と支払人口名寄せ、およびでんさいの成因調査が必要である。

支払人の信用調査は支払人が上場会社であるか取引金融機関が自金融機関の場合は詳細な情報が得られるが、取引がない非上場会社が債務者となる大多数のでんさいについては取引金融機関への信用照会か信用調査機関に頼るほか、一般的に業種などの情報をもとに判断することになる。なお、でんさい割引に伴う信用照会において、照会対象が個人（法人の代表者も含む）である場合は、個人情報保護法16条３項の「個人データ」を第三者である照会元金融機関に提供していることになり、同法27条１項により個人である取引先本人の同意を要することとなる。したがって、このような個人を対象とする信用照会は行わないよう注意が必要である。

次に重要となるのが支払人口名寄せである。支払人口名寄せは割引済未決済でんさい残高を支払人別に集計したものである。その残高と残高推移はいろいろな分析に使用するが、特定の支払人への残高の偏りや急増に注意することにより、特定支払人の支払停止・倒産による与信リスク回避あるいは分散極小化を図る。特に依頼人の信用に依存できない場合に重要である。

でんさいの成因調査では、割引を行うでんさいが、現実の取引に基づいて発生したでんさいかどうか、手形でいう「融通手形」に当たらないかを調査する。融通手形と同様、現実取引を伴わないでんさいも要件を備えていれば有効であるが、いずれかの会社の倒産により支払不能になるリスクは高い。そのために割引依頼人と支払人（または譲渡人）の取引関係、すなわち割引依頼人の取扱商品、取引時期、取引先名、決済条件に注意する。そして、普段見かけないような支払人（または譲渡人）のでんさいについて割引申込みがあったときなどには、取引関係やでんさいの成因を聴取する必要がある。

d　譲渡記録

でんさい割引は、でんさいを割引依頼人から金融機関へ譲渡することにより成立するが、電子記録債権の譲渡は譲渡記録をしなければ、その効力は生じない（電子記録債権法17条）。電子記録債権の記録は、電子債権記録機関の記録原簿にしなければならず（同法３条）、でんさい割引の場合、金融機関は割引実行前に電子債権記録機関であるでんさいネットに対し、譲渡記録請求を行う必要がある。譲渡記録における必須記録事項は同法18条に定めがあるほか、でんさい割引の場合、でんさいネット業務規程および株式会社全銀電子債権ネットワーク業務規程細則（以下「でんさいネット業務規程細則」という）に情報提供事項として定めがある。

でんさいの譲渡記録においては、支払期日の6銀行営業日前から、支払期日から起算して3銀行営業日を経過する日までの間は譲渡記録ができない（でんさいネット業務規程細則19条3項1号）。そのため、この譲渡記録の制限期間に入った支払期日直前の割引の受付は行わないようにしなければならない。

譲渡記録請求の内容が誤っていた場合は、取消し（譲渡記録の削除）の変更記録を行うことになるが、譲渡記録の日から4営業日を超えた場合はこの変更記録が不可能となる。この場合は、金融機関から割引依頼人への再譲渡を行うといったことが必要になる。

e　代り金の交付

でんさい割引の法的性質を手形割引と同様に売買とする結果として、でんさい割引も取引先と金融機関との合意により成立する諾成契約（民法555条）であり、取引先はでんさいを金融機関に譲渡（譲渡記録）する義務を負い、金融機関は取引先にでんさいの代価としてでんさい金額から割引料を控除した金銭を交付する債務を負う双務契約で、双方の債務は同時履行の関係にある（同法533条）。しかし、実務においては取引先がでんさいを譲渡（譲渡記録）し、金融機関はでんさい金額の合計全額を取引先口座に入金し、後日計算した割引手数料および記録手数料を取引先口座から受け入れる手順をとる。このような手順をとることは、手形割引の場合と同様、金融機関の事務上の要請によるものである。

(2)　でんさいの入金

でんさいの決済は、口座間送金決済（いわゆる振込み）により行われる。でんさい割引の決済も同様であり、その決済資金により割引でんさいの残高が減少し、融資金が回収される。

なお、でんさいにおいては、その支払の確実性を担保する目的で、手形交換所の不渡処分制度と類似の制度として、支払不能処分制度がでんさいネット業務規定および同業務規程細則において定められている。ただし、手形の不渡処分制度では、不渡りは遅くとも支払期日の翌営業日までに確定するが、でんさいの支払不能が確定するのは支払期日の３営業日後である。もっとも、支払期日に口座間送金が正常に行われなかったという事実は当日の全銀ネットが締まる時刻に、システム上で確認ができる。

(3) 支払不能となったでんさいの取扱い

a　割引依頼人からの回収

支払不能となったでんさいについては、不渡手形の場合と同様、金融機関はまず割引依頼人にでんさいを買い戻してもらうのが融資金を回収する通常の方法である。支払不能となったでんさいと同一の債務者が発生させた他のでんさいについても買戻債務が発生する（銀行取引約定書６条１項）。したがって、当該でんさいの支払期日が未到来であっても、割引依頼人は買い戻す義務があるが、実際の買戻時期をでんさいの支払不能と同時期とするかどうかは金融機関の判断次第である。割引依頼人の資金繰り等の事情により買戻債務履行の一定期間猶予の申出を受けた場合は、金融機関は延滞債権の回収方針に従って対応することになる。

割引依頼人が買戻しに応じない場合は、金融機関は一般の延滞融資債権の回収と同じく割引依頼人あるいは保証人の預金との相殺や担保の実行等の強制的な回収手段をとる。また、これを事由として金融機関からの請求により、他の融資債権の期限の利益を喪失させることもできる。

b　でんさいの債務者からの回収

(a) 回収の手段

金融機関は支払不能となったでんさいについては割引依頼人に対する買戻請求権とともにでんさいの債務者に対して履行を請求することもできる。支払人と銀行取引約定書を締結している場合には、でんさいの債務者あるいはその保証人の預金があればでんさいと相殺し、担保があれば処分することができる。なお、このような処分をするにあたっては、金融機関とでんさいの債務者との間で、でんさいの債務者が電子記録債務者となっている電子記録債権が適用範囲に含まれている銀行取引約定書を締結しておく必要がある。

また、担保が根抵当権である場合、被担保債権の範囲を「第三者から取得する手形上、小切手上、電子記録債権上の債権」として変更契約を締結し、かつ登記をしておくことが必要となる。しかし、このような特約のないでんさいの債務者からの回収は法律に基づく手段によらざるをえない。

(b) 異議申立預託金からの回収

契約不履行など第２号支払不能事由による支払不能があると、でんさいの債務者は第１号支払不能事由に該当するものではないことを明らかにするために、でんさいの債務金額と同額の金員を異議申立預託金として窓口金融機関に提供することで、でんさいの支払不能処分の猶予を受けることができる。

でんさいの割引を実行した金融機関としては、でんさいの債務者から任意の支払がなされない場合は法的手段によるほかない。この場合、訴訟等により債務名義を取得したうえで、でんさいの債務者が有する異議申立預託金返還請求権に差押えをすることが考えられる。なお、債務名義の取得にあたり、でんさいの場合は手形訴訟に相当する制度はない。ただし、電子記録されているでんさいの債権者は、電子記録債権を適法に有するものと推定されるため（電子記録債権法９条２項）、訴訟における立証責任は債務者にあり、債権者の負担は軽減されている。

第5節　当座貸越

1　当座貸越の概要

(1) 意　　義

当座貸越とは金融機関と当座勘定取引契約を締結している取引先の当座勘定に対して、当座勘定残高を超えて手形・小切手の支払呈示がなされた場合に、あらかじめ一定額を限度として金融機関が決済資金を立て替えて手形・小切手の決済をすることを約するものである。現在では当座勘定による決済は手形・小切手に加えて借入金返済や諸費用の自動振替えがあり、これらの決済資金についても同様に当座貸越が利用される。当座貸越による金融機関の立替えは与信の一種である。

(2) 特　　徴

当座貸越は取引先にとっては必要なときに必要な額だけ決済資金の借入ができ、借入金の返済は任意の時期に当座勘定への入金により簡易にできるので、決済資金不足が生じないように常に余分の無利息資金を当座勘定に置く必要がなく、返済条件も緩やかである点で利便性が高い。一方、金融機関にとっては、当座勘定の資金の不足具合により即時に一定金額まで当座貸越により決済資金を用立てるための資金準備が必要であるためコストが高くつくが、実際に利用された貸越額に相当する利息しか受入れできない。このために、取引先の信用状態・担保その他の条件が同じ場合の手形貸付等と比較すると、当座貸越の利率は高く設定される。

(3) 種　　類

当座貸越は法人あるいは個人事業主を対象とした事業資金融資のほかに、非事業者個人との当座勘定取引（いわゆるパーソナルチェック取引）に付随した当座貸越がある。当座貸越としての性質は両者とも同じである。

一定限度内で借入・返済が繰り返し可能という当座貸越の特徴に注目して、当座貸越の形式による各種の消費者金融商品も一般化している。代表的なものは「カードローン」で、クレジットカード会社等の保証により借入極度額を設け、借入は専用のATMカード等を使用し、返済は貸越残高に応じて一定金額の分割弁済の方法をとるという商品である。「総合口座取引」における貸越も当座貸越の一種である。これらの消費者金融商品に共通する特徴は、当座勘定取引を伴わない貸越契約であり実態は普通預金貸越であり、便宜的に貸越残高を当座貸越勘定により管理していることである。

また、事業資金融資でも当座勘定取引を伴わない当座貸越形態をとるものもある。金融機関が、取引先からの借入申込みを受けて、あらかじめ約定した貸越極度金額を限度に反復して貸出を行う形態である。金融機関が貸出代り金をあらかじめ指定された口座に入金し、弁済は指定口座からの引落しによって行われ、一般に弁済期日や利払条件等も定められる。

以下では、事業資金融資としての当座勘定取引を伴う当座貸越について説明する。

2　取引上の留意点

(1)　貸越契約の締結

当座貸越は与信取引の一種であるから、取引先の信用状態、取引振り、担保等の与信判断に基づいて取引を開始する。

当座貸越についても銀行取引約定書の締結が前提となるが、このほかに当座貸越特有の基本約定を規定する当座勘定貸越約定書を受け入れる。

書式6　当座勘定貸越約定書例（全銀協法規専門部会作成参考案文をもとに作成）

当座勘定貸越約定書

令和　年　月　日

株式会社　　銀行御中

住　所
本　人　　　　　　　　　㊞

私は、株式会社○○銀行（以下「銀行」という）との当座勘定取引に付帯する当座貸越取引について、当座勘定規定および別に銀行と締結した銀行取引約定書の各条項のほか、次の条項を確約します。

第1条（貸越極度額）

① 貸越極度額は、金　　　円とします。

② 銀行はその裁量により極度額を超えて手形、小切手等の支払をすることができるものとし、その支払をした場合には、銀行から請求あり次第直ちに極度額を超える金銭を支払います。

第2条（取引期限）

この約定による取引は、期限を定めません。（この約定による取引は、期限を令和　　年　　月　　日とします。）

第3条（利息・損害金）

① 貸越金の利息の割合は年　　％、損害金の割合は年　　％（年365日の日割計算）とし、銀行は、銀行所定の時期および方法によって計算した利息・損害金を当座勘定から引き落とし、または貸越元金に組み入れることができます。

② 前項の組入れにより極度額を超える場合には、銀行から請求あり次第直ちに極度額を超える金額を支払います。

第4条（担保）

この約定による貸越金がある場合には、当座勘定に受け入れまたは振り込まれた証券類は、貸越金の担保として譲り渡したものとします。

第5条（即時支払）

① 私について次の各号の事由が1つでも生じた場合には、銀行から通知催告等がなくても直ちに貸越元利金を支払います。

1．支払の停止または破産手続開始、民事再生手続開始、会社更生手続開始、もしくは特別清算開始の申立てがあったとき。

2．手形交換所の取引停止処分を受けたとき。

3．私または保証人の預金その他の銀行に対する債権について仮差押え、保全差押えまたは差押えの命令、通知が発送されたとき。

4．住所変更の届出を怠るなど私の責めに帰すべき事由によって、銀行に私の所在が不明となったとき。

② 次の各場合には、銀行から請求あり次第直ちに貸越元利金を支払います。

1．私が債務の一部でも履行を遅滞したとき。

2．担保の目的物について差押え、または競売手続の開始があったとき。

3．私が銀行との取引約定に違反したとき。

4．保証人が前項または本項の各号の一にでも該当したとき。

5．前各号のほか債権保全を必要とする相当の事由が生じたとき。

第6条（減額・中止・解約）

① 金融情勢の変化、債権の保全その他相当の事由があるときは、銀行はいつでも極度額を減額し、貸越を中止し、またはこの契約を解約することができます。

② 前項によって銀行が減額、中止または解約をした場合、そのときまでに私の振り出した約束手形、小切手または引き受けた為替手形が、そのために不渡となっても異議なく、それによる損害はすべて私の負担とします。

③ この約定による取引が終了し、または貸越が中止された場合には、直ちに貸越元利金を支払います。また、極度額を減額された場合にも、直ちに減額後の極度額を超える貸越金を支払います。

以上

【当座勘定貸越約定書例の概要説明】

○ 第1条（貸越極度額）……1項で取引先が利用できる貸越残高の上限である貸越極度額を取り決める。金融機関は本約定が効力を有する限り取引先に対して貸越極度額までの融資義務を負うことになる（ただし、6条参照）。2項では、金融機関の裁量により貸越極度額を超過して手形・小切手の支払に応じた場合の取引先の支払義務を特約している。いわゆる「過振り」の特約であり、金融機関は、その裁量により貸越極度額を超えて支払をした場合、貸越取引の継続中であっても極度額超過金額の支払請求をすることができることを定める。

○ 第2条（取引期限）……期限を決める方法と、期限を決めない方法がある。期限を決めた場合は期限の到来という事由のみにより貸越取引を終了することができるが、特に問題がない先については当座貸越の性格上引き続き取引を継続するために、特に申出がない限り期限を同期間だけ自動延長するという特約を加える方法がとられる。

○ 第3条（利息・損害金）……1項で利息・損害金の割合を取り決め、支払方法として当座勘定からの引落し（残高がある場合）と貸越元金への組入れ（残高がない場合）について規定する。2項では、利息・損害金を元金に組入れすることにより、貸越極度額を超過する場合、銀行の請求により直ちに超過金額を支払うことを特約している。

○ 第4条（担保）……当座勘定に受け入れた証券類を当座貸越の担保とする特約である。

○ 第5条（即時支払）……1項と2項に列挙される事由は銀行取引約定書5条（期限の利益の喪失条項）の各項の列挙事由と同じである。手形貸付等弁済期限が確定している債務については取引先が有する期限の利益を喪失させることにより期限の到来を早めるが、当座貸越の貸越金については少なくとも貸越契約が存続している間は弁済期限が到来しない。そこで債権保全の必要がある事態となった場合は、本条により当座貸越についても手形貸付等他の融資金について期限の利益を喪失する場合と同じ基準で弁済期が到来するように特約している。本条は「即時支払条項」と呼ばれ、銀行取引約定書5条と並んで重要な特約である。なお、即時支払事由が発生した場合、既存債務の期限の利益を喪失させることはできるが、これをもって貸越極度額までの融資義務がなくなるわけではない。したがって、当座勘定取引の解約など融資義務を免れるための対応が必要となる。

○　第6条（減額・中止・解約）……相当の事由がある場合に金融機関から一方的に貸越極度額の減額、新規の貸越利用の中止あるいは当座勘定貸越契約の解約をすることができ、減額分あるいは全額について金融機関が貸越による手形・小切手の支払義務を免れる規定である。また取引の終了・貸越の中止の場合は貸越残高の全額、減額の場合は減額後の極度額を超過する貸越残高を直ちに支払う旨規定する。実際には取引先の信用状態が悪化するなど金融機関が債権保全・回収を図る必要が生じた場合に解約条項が利用され、減額・中止はほとんど行われていない。なお、当座勘定貸越契約は、その基本となる当座勘定取引契約が解約されたときも同時に終了する。

⑵　実行・回収・利息受入れ

a　実行（出金）と回収（入金）

当座貸越の実行は当座勘定残高を上回る金額の手形・小切手の呈示あるいは自動振替引落し（貸越利息の支払を含む）の請求があったときに、当座勘定から当該金額の引落し（出金）をすることにより行われる。

貸越金の回収は当座勘定への振込み・入金により自動的に同額の貸越金が回収され、その直前の貸越残高を上回る振込み・入金額があれば当座勘定残高がプラスとなる。振込み・入金の全部または一部が証券類による場合は、当該証券類が資金化されるまでは貸越金が弁済されたことにならない。

以上のように当座貸越の実行・回収は当座勘定の入出金を通じて、結果的に残高として残る金額で決められる。

b　貸越利息の受入れ

貸越利息の計算方法は金融機関により多少異なるが、日々の貸越残高に対して約定の利率を乗じて1日分の利息額を小数点以下数桁単位まで算出し次回の締切日まで積算して、所定の利払日に1円未満を切り捨てた金額を受け入れる方法が一般にとられている。

この場合に利息計算の基礎となる日々の貸越残高をどの時点の残高とするかが問題となる。前記約定書例では「銀行所定の時期および方法によって……」と規定する。一般にとられている方法は、呼称は異なるが「残高比較法」と「最終残高法」である。

「残高比較法」は毎日の前日残高と最終残高を比較して残高の大きいほうを日々の貸越残高として使用する。この方法によれば貸越残高が増加した日は増加後の最終残高が、貸越残高が減少した場合は減少前の前日残高が使用されることにより、手形貸付利息などの「両端入れ」と同じ利息計算基準となる。「最終残高法」は毎日の最終残高をそのまま日々の貸越残高として使用する。この方法によれば貸越残高が増加した日は増加後の最終残高が、貸越残高が減少した場合は減少後の最終残高が使用されることにより、手形貸付利息などの「片端入れ」と同じ利息計算基準となる。貸越残高の推移が同じであれば「残高比較法」のほうが利息額は当然大きくなる。

(3) 貸越契約の変更・解約

a 貸越期限の延長

前記約定書例２条で期限を決めない場合は期限の延長は問題にならず、期限を決めた場合も自動延長条項があれば何もなければ期限は自動的に前回と同期間延長されるので、実際には延長を認める限り特段契約上の処理は不要である。ただし後者の場合、金融機関内部の意思決定は、融資義務が継続することになる期限の延長を認めるか否かを判断し、認めない場合には取引先に通知するための日数が必要となるため、余裕をみて対応する必要がある。いったん期限延長を行った後でも前記約定書例６条により解約することができるが、この場合は「相当の事由」があることが要件となる。

b 極度額の増額・減額

金融機関と取引先との合意により貸越極度額を増額・減額することは、いつでも可能である。実際には、取引先がたとえば当座貸越の担保として差入れ中の有価証券の一部解除返却を受けるために余分の極度額を減額するなどの事情がない限り減額は行われず、増額変更がほとんどである。貸越極度額を変更する場合は、取引先から「当座勘定貸越契約変更契約書」を受け入れる。

変更日に当座勘定の貸越極度設定額を変更する。

c　貸越契約の合意解約

取引先との合意により当座勘定貸越契約を解約する場合は、まず当座貸越元利金の返済を受けて貸越残高を解消し、取引先から「当座勘定貸越契約解約依頼書」を受け入れて当座勘定の貸越極度額の設定を解除する。この解除を怠ると現行の金融機関のオンライン処理においては、貸越契約解約後に当座勘定残高を超えた手形・小切手決済をするおそれがある。この場合も取引先は当座勘定規定11条に基づき支払義務を負うが、保証ないし担保がない与信になるおそれがあるので注意が必要である。

⑷　当座勘定貸越契約と保証

当座勘定貸越契約を法人と締結する際に、あわせて代表取締役等の個人と当該貸越について連帯保証契約を締結する場合は注意しなければならない。当座勘定貸越契約について個人のする保証契約は、個人根保証契約（民法465条の２第１項）であり、その当座貸越の性質により個人貸金等根保証契約（同法465条の３第１項）にも該当する。

したがって、まず保証極度額を定めなければ、その根保証契約は無効とな

書式７　当座勘定貸越契約変更契約書

当座勘定貸越契約変更契約書

令和　　年　　月　　日

株式会社　　銀行御中

本人　住所・氏名　　　　　　　　　　㊞

私は令和　　年　　月　　日付当座勘定貸越約定書に基づく貸越極度額を、下記のとおり増額／減額変更します。

記

１．貸越極度額の変更　　変更前極度額　　　　　　円

　　　　　　　　　　　　変更後極度額　　　　　　円

２．変更日　　　　　　　令和　　年　　月　　日

以上

る。次に、当座勘定貸越約定書で定める極度額は基本的に貸越金元本の極度額を定めているものであるが、保証極度額は、「主たる債務の元本、主たる債務に関する利息、違約金、損害賠償その他その債務に従たる全てのもの及びその保証債務について約定された違約金又は損害賠償の額」（民法465条の２第１項）これらすべてに係る極度額である。よって当座勘定貸越契約における極度額と根保証契約における極度額は別個に定める必要がある。

また、個人貸金等根保証契約に該当する場合、元本確定期日として締結日から５年以内の日を定めることができるが、５年を超える日を定めた場合や定めがない場合、元本は保証契約日より３年間で確定する。また元本確定期日を自動更新とすることはできないので、根保証契約と当座勘定貸越契約とは、別個に期日の管理が必要となる。

3　取引先の倒産と当座貸越の融資義務

⑴　事　　例

当座貸越のある取引先Ａ社が突然破産手続開始の申立てを行った。Ａ社の当座貸越は貸越極度額3,000万円のうち貸越残高2,000万円と貸越利息未払額100万円があり、担保としてＡ社名義定期預金3,000万円に質権が設定されている。本日Ａ社の当座勘定に500万円の手形が交換呈示された。どう対応すべきか。

⑵　対　　応

既存の当座貸越元利金と担保定期預金との相殺および当座貸越契約の解約はできるが、問題は交換呈示された500万円の手形の取扱いである。まず破産手続開始の申立てに伴う保全処分が出ているか確認する。弁済禁止の保全処分が出ていれば手形の返却理由になる。保全処分前であれば、金融機関は貸越極度額を限度に融資義務を負担しており、融資義務を免れるための貸越契約の解除は解除通知（解約告知）がA社へ到達した時点で発効する（民法97条１項）ため、内容証明郵便による解除では本件手形の返却に間に合わない。当座勘定取引の解約通知も同様である。

もっとも、金融機関の対応の選択肢としては、融資義務を免れるか履行するかである。前者の場合、解除の通知手段は限定されないので解除通知書を直接A社に持ち込み、そのコピーに原本の受領印をもらうことが考えられる。後者の場合、新たに500万円の当座貸越債権が発生し、破産手続開始の申立てを知った後に債権を取得したことになるが、融資義務の存在が破産法72条２項の相殺禁止の例外となる「破産手続開始の申立てがあったことを破産者に対して債務を負担する者が知った時より前に生じた原因」（第２号）に該当するので、担保預金と相殺することが可能である。

しかし最も留意すべきことは、当座貸越の取引先については日頃から与信先として業況などを十分把握し、上記事例のような事態を招く前に倒産の兆候を察知できるように努めることである。

第6節　支払承諾

1　支払承諾の概要

(1) 意　　義

支払承諾とは金融機関が取引先からの依頼に基づき業務として取引先の各種金銭債務の保証・手形引受・手形保証を行う与信取引の一種で、銀行法10条2項に規定する付随業務として認められている。支払承諾を利用する取引先は、銀行の信用を利用することができるため、第三者からの融資や、その他第三者との契約を成立させることが容易になる。

金融機関は保証債務あるいは手形債務を負担する対価として貸出利息に相当する保証料を受け取る。法的には主債務者の委託に基づく有償の保証契約を主とする取引であり、取引当事者の関係を図示すると図表3－5のとおりである。

(2) 特　　徴

支払承諾は資金交付のかわりに保証（手形）債務を負担することが実行に当たる点で特色を有する。支払承諾の流れについて、借入債務保証を例に説明すると次のようになる。

図表3－5　支払承諾における取引当事者の関係

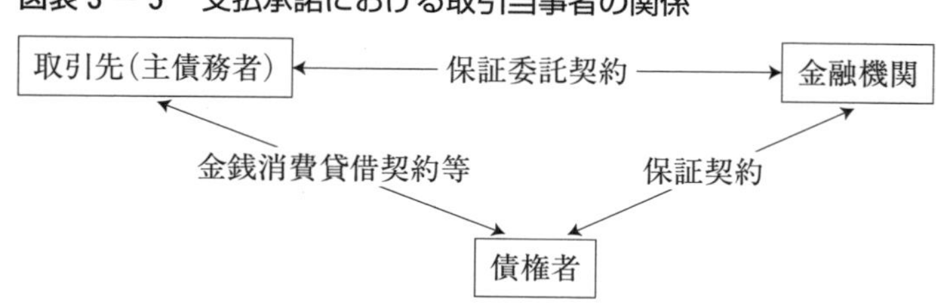

① 銀行取引約定書のほかに支払承諾約定書を受け入れ、基本約定を締結する。

② 支払承諾依頼書および被保証取引の確認資料を受け入れ、保証委託契約を締結するとともに後記⑤に備えて担保や保証を受け入れる。

③ 取引先と合意した保証料を受け入れて、金融機関が調印した保証書等を取引先または債権者に交付し、保証契約を締結（支払承諾を実行）する。

④ 取引先の債権者に対する弁済等による被保証債務の消滅あるいは債権者の免除等による保証債務の消滅により支払承諾は終了する。

⑤ 取引先の債務延滞等により債権者から保証債務履行請求を受けた場合は、金融機関は債権者に弁済する。ここで金融機関に初めて資金供与が発生する。

⑥ 金融機関は債務弁済額を元本とする求償権を得て、資金回収を図る。

勘定処理としては、借入債務保証の例では支払承諾実行により「支払承諾」「支払承諾見返」の勘定が計上される。「支払承諾」勘定は金融機関の保証債務残高を示す負債科目であり「支払承諾見返」勘定は金融機関の信用供与残高を示す資産科目で、両科目の残高は常に同額となる。支払承諾・同見返勘定はさらに被保証債務の種類により細分化されている。

(3) 種　類

与信取引としての支払承諾は、借入債務保証・手形引受・手形保証のほかに、保証債務の保証（いわゆる裏保証）、不動産売買等の前受金返還債務保証、民事執行法の買受保証、民事執行法等による損害担保保証、退職金保全措置としての銀行保証などさまざまな保証形態がある。借入債務保証のうち代理貸付について、中小企業金融公庫をはじめとする公庫・公団に対する保証は、代理貸付債務保証として区別される。また外国為替取引では信用状の発行・貨物引取保証などがある。以下、借入債務保証を中心に説明する。

2　取引上の留意点

(1)　実　　行

a　受入書類

(a)　銀行取引約定書と支払承諾約定書

前記のとおり支払承諾の前提として銀行取引約定書と支払承諾約定書を締結し受け入れる。銀行取引約定書はほかで締結ずみの場合は重ねて締結する必要はない。

支払承諾約定書は支払承諾に特有の事項に関する特約をまとめた基本約定書である。

書式8　支払承諾約定書例

支払承諾約定書

令和　年　月　日

株式会社　　銀行御中

住　所

本　人　　　　　　　　　　㊞

私は、株式会社○○銀行（以下「銀行」という）との支払承諾取引について、別に銀行と締結した銀行取引約定書の各条項のほか、次の条項を確約します。

第1条（支払承諾の委託）

私が銀行に支払承諾を依頼する場合は、そのつど銀行所定の支払承諾依頼書を提出します（なお、銀行はその都合によって、上記依頼書記載の金額もしくは限度額、または期間等の条件を変更することができます）。

第2条（支払承諾の方法）

支払承諾は保証書の発行、手形保証、手形引受その他の債務保証の方法によって行ってさしつかえありません。

第3条（保証料）

銀行が実行する支払承諾に対し、私は保証料を支払います。保証料の支払時期、料率、計算方法および支払方法は銀行の定めによります。

第4条（原債務の履行義務）

銀行が支払承諾を行った債務（以下「原債務」という）について、私はその支払期日に必ず原債務を履行し、銀行にはなんら負担をかけません。

第5条（通知義務）

① 私が原債務を履行したとき、または原債務について更改、相殺、混同などがあったときは、遅滞なくその旨を銀行に通知します。

② 私が債権者から原債務の履行を請求されたとき、または原債務の免除、時効もしくは担保物件の変動など銀行の保証債務に影響を及ぼすような事由が発生したときは、遅滞なくその旨を銀行に通知します。

③ 前2項の通知を怠ったため、銀行が債権者から請求を受け弁済をしたときは、私はその金額について求償債務を負い、直ちに弁済します。

第6条（保証債務の履行）

銀行が保証債務を履行するについては、私に対する事前の通知を要せず、また原債務の期限到来の有無にかかわらず、履行の方法、金額について銀行の任意に実行してさしつかえありません。

第7条（求償の範囲）

銀行が保証債務を履行したときは、私は銀行に対し直ちに償還するものとし、その範囲は履行金額のほか、履行金額に対する履行日以後の損害金および支払のために要した費用、その他私に対する権利の行使または保全のために要した費用を含むものとします。

第8条（事前求償）

① 私について次の各号の事由が1つでも生じた場合には、銀行から通知催告等がなくても当然銀行が保証している金額または保証限度額について銀行に対しあらかじめ求償債務を負い、直ちに弁済します。

1．支払の停止または破産手続開始、民事再生手続開始、会社更生手続開始、もしくは特別清算開始の申立てがあったとき。

2．手形交換所の取引停止処分を受けたとき。

3．私または保証人の預金その他の銀行に対する債権について仮差押え、保全差押えまたは差押えの命令、通知が発送されたとき。

4．住所変更の届出を怠るなど私の責めに帰すべき事由によって、銀行に私の所在が不明となったとき。

② 次の各場合には、銀行の請求によって前項と同様あらかじめ求償債務を負い、直ちに弁済します。

1．私が債務の一部でも履行を遅滞したとき。

2．担保の目的物について差押え、または競売手続の開始があったとき。

3．私が銀行との取引約定に違反したとき。

4．保証人が前項または本項の各号の一にでも該当したとき。

5．前各号のほか債務保全を必要とする相当の事由が生じたとき。

③ 銀行が、前2項により求償権を行使する場合には、私は民法第461条に基づく抗弁権を主張しません。原債務または求償債務について担保がある場合にも同様とします。ただし、私が求償債務を履行した場合には、銀行

は遅滞なく、その保証債務を履行するものとします。

第9条（中止・解約）

① 債権保全を必要とする相当の事由が生じたときは、いつでも銀行はこの約定による取引を中止し、または解約することができます。

② 前項により銀行から中止または解約の通知を受けたときは、直ちに原債務の弁済その他必要な手続をとり、銀行には負担をかけません。

以上

【支払承諾約定書例の概要説明】

○ 第1条（支払承諾の委託）、第2条（支払承諾の方法）、第3条（保証料）……支払承諾の依頼は支払承諾依頼書提出によること、支払保証の方法は金融機関の選択によること、金融機関所定の保証料を支払うことという基本的事項を定める。

○ 第4条（原債務の履行義務）、第5条（通知義務）……取引先は被保証債務を履行すべきことを確認的に定め、被保証債務について履行・更改・相殺・混同、債権者からの履行請求・免除・時効・担保物件の変動などの異動についての取引先の通知義務と義務懈怠による金融機関の弁済金についての求償債務負担を特約する。

○ 第6条（保証債務の履行）、第7条（求償の範囲）……金融機関は任意の時期・方法・金額で保証債務履行ができ、金融機関の求償範囲として債務者は履行金額・損害金・諸費用を直ちに償還すべきことを特約する。

○ 第8条（事前求償）……本条は金融機関が支払保証債務を将来履行するおそれが生じた場合に実際の債務履行を待たずに取引先に対して求償権を行使できることについての特約であり、支払承諾約定書のなかで最も重要な条項である。この求償権の事前行使について民法460条では取引先の破産手続開始決定等一定の場合に認めているが、事前求償権を行使できる場合を、銀行取引約定書5条の期限の利益喪失約定に該当する事由が発生した場合に拡大している。同条1項により期限の利益の当然喪失事由該当の場合は当然に、2項により期限の利益の請求喪失事由該当の場合は金融機関の請求により事前求償権を行使できることとし、支払承諾も一般の与信取引と同じレベルで債権保全を図ることができるようにしている。

さらに3項では金融機関が事前求償権を行使する場合に取引先は同法461条の抗弁権を主張しない旨特約する。同条は事前求償権行使に際して債務者が保証人に担保を立てるか免責を求める抗弁を認めており、かかる抗弁権が付着する債務については相殺が許されず、預金債務との相殺等債権回収に障害となるため、特約により障害の排除を図ったものである。求償権についてあらかじめ担保が設定されている場合についても同様に事前求償権行使の障害となるので排除の特約を置く。

○　第9条（中止・解約）……債権保全上必要な場合に金融機関がいつでも本約定による取引の中止・解約ができ、金融機関から中止・解約の通知を受けた取引先は被保証債務の弁済などの措置をとる義務があることを特約する。

(b)　支払承諾依頼書の受入れ

支払承諾約定書は基本約定書であり、その締結だけで具体的な保証の契約関係が発生するものではなく、具体的な支払保証委託契約の締結には個別に「支払承諾依頼書」を必要とする（前記約定書例1条）。

支払承諾依頼書は被保証債務の内容や保証金額など支払承諾に必要な項目を記載して、金融機関に保証委託を行うもので、金融機関ではこの依頼書を受け入れることにより通常支払保証委託契約書の受入れは行わない。

支払承諾依頼書の方式は大きく2通りに分かれる。一つは特定債務保証で、支払承諾依頼書で特定の被保証債務の保証契約を締結する。もう一つは根保証で、支払承諾依頼書で一定種類の被保証債務を期間・金額を限定して保証する。取引先が第三者との間の一定種類の継続取引により反復して発生する債務を保証するもので、高速道路の運賃後納保証などが典型例である。根保証で注意すべき点は「保証期間」「保証債務履行請求期限」および「保証極度額」の定め方である。

保証期間は単純に何年何月何日から何年何月何日というだけでは保証する内容が不明確である。保証対象となる取引先の個々の債務はさまざまな段階で発生しては弁済期を迎えるが、どの状態の債務を保証するのかを明らかにする必要がある。期間による被保証債務の範囲の限定は次の五つのなかから取引先・債権者のニーズを把握したうえで選択する。

①　保証期間内に発生し、かつ弁済期の到来する債務を保証する。

②　保証期間内に発生する債務を保証する。

③　保証期間の終期までに発生する債務を保証する。

④　保証期間内に弁済期の到来する債務を保証する。

⑤　保証期間の終期までに弁済期の到来する債務を保証する。

前記の③は保証期間の始期前にすでに発生している債務も含む点が②と異

書式9　支払承諾依頼書（手形保証用）

手 形 保 証 用

支払承諾依頼書

令和　年　月　日

株式会社　　銀行御中

住 所

氏 名　　　　　　　　　　㊞

私は、別に差し入れた支払承諾約定書の各条項に基づき下記手形に保証（引受）を依頼します。

保　　証　　先		
手形要項	手形種類・記番号	手形・#
	金　　額	円
	支払期日	令和　年　月　日
	支払地・支払場所	区市　銀行　支店
	振 出 地	
	振 出 日	令和　年　月　日
	振 出 人	
	引 受 人	
	受 取 人	
保 証 料 率		年　%
備　　考		

なり、⑤は保証期間の始期前にすでに弁済期が到来している債務も含む点が④と異なる。

保証債務履行請求期限は債権者による保証人（金融機関）に対する権利行使ができる期限である。被保証債務の範囲を弁済期到来基準とする場合（前記①④⑤）には、金融機関が保証する債務は保証期間の終期にすべて弁済期が到来しているはずであるから、保証債務履行請求期限は「保証期間経過後

書式10　支払承諾依頼書（特定債務保証用）

特定債務保証用

支払承諾依頼書

令和　年　月　日

株式会社　　銀行御中

住　所

氏　名　　　　　　　　　　㊞

私は、別に差し入れた支払承諾約定書の各条項に基づき次のとおり保証を依頼します。

保証先	
被保証債務の内容	最終弁済期　　令和　年　月　日
保証金額	円
保証債務履行請求期限	被保証債務の最終弁済（支払）期日後２カ月以内に保証先から保証履行の請求がないときは、株式会社　　銀行の保証債務は消滅することとします。
保証料率	年　　%
備考	

◯カ月後までに保証債務の履行請求がない場合は銀行の保証債務は消滅するものとします」と定めればよい。被保証債務の範囲を債務発生基準とする場合（前記②③）は債権者の保証債務履行請求に必要な被保証債務の弁済期が保証期間経過後に到来するものが生じるので、最も遅く到来する被保証債務の弁済期の◯カ月後に保証債務履行請求期限を定めるのが一般的である。なお民事執行法等による損害担保保証として金融機関が支払保証する場合には、保証債務履行請求期限を特約することが認められていない。

保証極度額は債権極度額とする方法と元本極度額とする方法がある。債権極度額の場合は極度額が金融機関の責任の上限となるが、元本極度額の場合は極度額を超えた被保証債務の利息・遅延損害金についても責任が及ぶ。支

書式11　支払承諾依頼書（根保証用）

根　保　証　用

支払承諾依頼書

令和　年　月　日

株式会社　　銀行御中

住　所

氏　名　　　　　　　　　　㊞

私は、別に差し入れた支払承諾約定書の各条項に基づき次のとおり保証を依頼します。

保　証　先	
被保証債務の内　　容	令和　年　月　日から令和　年　月　日までの間に (ア)発生する　(イ)期限が到来する　(ウ)発生し期限が到来する 次の債務。
保証限度額	円
保証債務履行請求期限	令和　年　月　日までに保証先から保証履行の請求がないときは、株式会社　　銀行の保証債務は消滅することとします。
保証料率	年　　　%
備　　考	

払承諾においては保証責任の上限が明確な債権極度額とするほうがよい。

(c)　**被保証債務を確認する書類**

金融機関の支払保証の対象となる取引先の債務は何か、弁済条件等がどうなっているかを詳細に確認するために、該当の契約書の提出を受けて内容を精査する。特に金融機関の責任が最大限どれだけになるのかを把握する必要がある。根保証の場合は責任の上限が保証極度額で明確となるが、特定債務保証については注意を要する。

たとえば取引先の工事請負契約に付随して契約された工事遅延等による損害賠償の特約に基づく損害賠償金の担保として金融機関の保証を求められる

ことがあるが、損害賠償の特約を詳細に検討しないままに保証すると、非常に高額の賠償金を請求されるおそれがある。損害賠償額が予測できないような特約について保証を求められた場合は、特定債務保証であっても契約書に連署せずに別冊保証書を作成し、金融機関が保証する損害賠償額の上限を定める方法をとる。このために前記約定書例２条で保証の方法を金融機関が任意に選択できることとしている。

(d) 白地手形

支払承諾の実行時に金額・期限が白地の取引先振出約束手形と白地補充権を定めた念書を受け入れることがある。これは金融機関が保証債務を履行して求償権を取得したときに求償権相当額の手形債権を得て回収にあたるためである。保証債務履行後に手形の白地を補充した場合は、金融機関は原因債権としての求償権と手形債権をあわせて有することになる。現在では白地手形の受入れ自体を省略することがほとんどである。

b 保証書類の交付

支払承諾の実行は、金融機関が保証人として調印した書類の交付である。別冊保証書のほかに手形（手形引受・手形保証の場合）・契約書（連署による場合）などさまざまな保証書類を通常は取引先に交付するが、金融機関の支払保証債務の成立時期は取引先が債権者に保証書類を交付したときである。いったん調印ずみの保証書類が債権者に渡った以上、金融機関・取引先間の合意、金融機関内部の決裁にいかなる変更がなされても、民法による一般的な無効・取消しの原因があるか債権者が変更に応じない限り、金融機関は保証書類に基づく保証債務を免れることはできない。

c 保証料の受入れ

金融機関の信用（支払能力）利用の対価として金融機関は取引先から保証料を受け入れる。支払承諾の場合は金融機関に直ちに資金負担は生じないため保証料の料率は利息に比べて低率である。また信用（支払能力）利用の対価としての保証料は利息と同様に利用期間に対応した期間計算により、債務履行の危険度により料率を決めるのが一般的であるが、短期間の場合は最低保証料を定めることもある。

d　求償権についての個人保証

支払承諾において、金融機関の支払保証委託者への求償権について個人が保証している場合は注意を要する。

民法465条の５第１項では、「保証人が法人である根保証契約において、第465条の２第１項に規定する極度額の定めがないとき」については、その求償権に係る債務を主たる債務とする個人保証契約は効力を生じないとされている。

民法465条の５第２項では、「保証人が法人である根保証契約であってその主たる債務の範囲に貸金等債務が含まれるものにおいて、元本確定期日の定めがないとき、又は元本確定期日の定め若しくはその変更が第465条の３第１項若しくは第３項の規定を適用するとすればその効力を生じないものであるとき」（第２項前段）については求償権に係る債務を主たる債務とする個人保証契約は効力を生じないとされている。また、主たる債務の範囲に求償権に係る債務が含まれる個人根保証契約も同様である（第２項後段）。

民法465条の５第１項は、法人根保証一般が対象となっているため当然注意が必要であるが、支払承諾の範囲に借入債務保証のように貸金を保証するものが含まれている場合は、第２項も適用対象となる可能性があるので、慎重に検討すべきである。

⑵　回　　収

支払承諾の回収は、保証書類の回収、債権者印のある弁済証書や免責文書の受入れ、または保証債務履行請求期限の経過のいずれかにより金融機関の保証債務が消滅したことを確認することである。

⑶　保証債務の履行

a　対抗事由の調査

保証債務を履行する前に、取引先に対し、債権者から保証債務の履行の請求を受けたことを至急通知し、取引先が被保証債務を履行しないことにつき、債権者に対抗できる事由を有しているかどうかを調査する。支払承諾約定書では、このような対抗事由が存在することについて、取引先は金融機関に通知する義務がある旨（５条）、および金融機関が保証債務を履行する場合には取引先に対して事前の通知を要しない旨（6条）約定しているが、取引先に対抗事由があるにもかかわらず、履行する必要のない保証債務を履行してしまうことを避けるために行っておくべきである。また、ほかにも保証人がある場合（共同保証）には、その保証人に対しても通知する（民法443条、465条1項）。保証債務の履行までに時間を要すると、債権者から請求される遅延損害金額が増加するため、手続は慎重にしつつも迅速に行うよう留意する。

b　請求内容の検討

取引先が債権者に対抗できる抗弁権を有している場合には、これを援用して保証債務の負担をできるだけ軽減する。また、債権者から請求を受けた保証債務の内容が、差し入れている保証書の内容と合致しているか否かを確かめる。

c　保証債務の履行

債権者からは、保証債務の履行と引き換えに保証書原本（または保証手形）および債権証書を回収する（民法487条）とともに、金融機関宛ての領収証を受け入れる（同法486条1項）。一部弁済の場合には、保証書（または保証手形）、債権証書に一部代位弁済を受けた旨記入してもらったうえで、金融機関宛ての領収証を受け入れる。なお、領収証にかえて、その内容を記録した電磁的記録の提供を原則として請求することができる（同条2項）。

d　事後通知および弁済催告

債権者に対して保証債務を履行したときは、同時に取引先および他の保証人に対して、保証債務を履行したことを通知するとともに、あわせて求償債務の弁済を催告する。他の保証人に対する求償はその負担部分に対して行うが、負担部分は特約のない限り、保証人の数に応じ均等割となる（民法465条）。金融機関がこの通知を怠ったために、取引先または他の保証人が重ねて弁済した場合には、取引先または他の保証人の弁済が有効なものとみなされ、金融機関は求償権を喪失するうえ、弁済をした保証人から当行の負担部分を求償されることになる（同法463条1項）。前記aの事前の通知は、支払承諾約定書（6条）で、これを要しない旨約定しているが、事後の通知についてはこのような約定はないので、必ずすみやかに通知しなければならない。

e　保証債務履行による代位

金融機関は、求償権を確保するために債権者に代位する（民法499条）ため、それまで債権者が取引先に対してもっていたいっさいの権利（担保権等）は当行において求償権の範囲内で行使できる。ただし、それぞれに固有の対抗要件を備えないと担保物件の第三取得者に担保権の取得を対抗できないため、代位弁済後すみやかに対抗要件取得の手続をしなければならず（同法501条）、債権者に対して債権に関する証書および担保物の引渡しを請求する。また、被保証債務の支払のため取引先が債権者に手形を差し入れている場合は、当該手形の裏書譲渡を受ける。

第7節　代理貸付

1　代理貸付の概要

(1) 意　　義

融資を行う金融機関が債務者に対して自ら直接融資手続を行わずに、融資業務を他の金融機関に委託し、受託した金融機関が委託金融機関の名で委託金融機関の資金を貸し付ける金融形態を総称して代理貸付という。委託金融機関と受託金融機関との関係は委任（民法643条以下）ないし準委任（同法656条）における本人と代理人との関係である。

受託金融機関は委託金融機関との間で締結した業務委託契約の内容に従って代理貸付業務を行うが、その業務範囲は融資の申込みの受付から審査・担保受入れ・融資実行・管理・回収までの全般にわたる。受託金融機関は代理貸付業務の対価として委託金融機関から一定割合の委託手数料を受け取る。また、大部分の代理貸付において受託金融機関は貸付金の一定割合に対して保証債務を負担する。

代理貸付制度により店舗数の少ない委託金融機関は店舗数が多く資金需要をとらえることのできる金融機関を利用して融資を行うことができ、一方、受託金融機関は自己の資金を拠出することなく取引先の資金需要に応えて収益をあげることができる。

(2) 特　　徴

代理貸付の受託金融機関は代理人として代理貸付業務を行うため、取引行為の法律効果はすべて本人である委託金融機関に帰属する。受託金融機関は、当初の業務委託契約における受託者として、および個々の代理貸付に係る債務の一部の保証人としてのみ、自ら契約の当事者となる。融資に係る金銭消費貸借契約の債権者および担保権者となるのは委託金融機関である。

代理貸付は長期資金を対象とし、融資形態は証書貸付が利用される。

代理貸付の融資条件は委託金融機関ごとに締結された業務委託契約により詳細に決められており、受託金融機関は決められた条件に合致する融資のみを取り扱うことができ、裁量により条件を逸脱することは認められない。

⑶ 種　　類

代理貸付の種類は委託金融機関別に大別され、さらに委託金融機関ごとに資金の用途により細分化されている。

代理貸付制度を利用している委託金融機関には政府系金融機関と民間金融機関とがあり、主に次のように分類することができる（令和６年５月現在）。

① 政府系金融機関
- ○ 日本政策金融公庫中小企業事業代理貸付
- ○ 日本政策金融公庫国民生活事業代理貸付
- ○ 商工組合中央金庫代理貸付

② 民間金融機関
- ○ 農林中央金庫代理貸付
- ○ 信金中央金庫代理貸付
- ○ 全国信用協同組合連合会代理貸付

2　取引上の留意点

代理貸付のうち最もポピュラーである日本政策金融公庫（以下「日本公庫」という）中小企業事業代理貸付を例に、委託金融機関（日本公庫)、受託金融機関（銀行等)、取引先の関係を図解すると図表３－６のとおり。

a　受任者としての義務

受託金融機関は受任者として「善良な管理者の注意をもって、委任事務を処理する義務を負う」（民法644条）ので、上記各事務のうち直接受託金融機関が契約の当事者となる保証委託契約および保証契約を除いて、すべて業務委託契約の内容に基づき忠実に処理する義務が課される。

上記以外にも、受託金融機関には委任事務費用負担義務・監査委任義務・

図表３－６　中小企業事業代理貸付における関係者相関図

取引先		銀行等		日本公庫
			←業務委託契約→	
			←委託手数料	
	融資申込み→	審査	資金請求→	
	←金銭消費貸借契約	（代理）	→	
	←担保設定契約	（代理）	→	
	←融資実行		←資金交付	
	借入金返済→		資金回金→	
			状況報告→	
	←保証委託契約→		←保証契約→	

経理区分義務・損害賠償義務などが課されている。

b　審　　査

日本公庫の場合、原則として代理店（受託金融機関）は融資の審査決定権限も与えられているので、受託金融機関は代理業務として代理貸付自体の審査決定を行うとともに、受託金融機関自身の与信取引として支払承諾（代理貸付）の審査決定を行うことになる。

c　契約の締結

金銭消費貸借契約・担保設定契約は受託金融機関が日本公庫代理人として締結し、債権者・担保権者は日本公庫となる。

d　融資実行

受託金融機関は日本公庫から資金を交付された日を含めて３営業日以内に取引先に対して融資実行をしなかった場合は義務違反となり、日本公庫に対して遅延期間に応じて一定割合の「未貸付利息」を支払うというペナルティが課される。

e 回　　金

同様に、取引先から受け取った借入返済金を受入日を含めて３営業日以内に中小公庫に送金（これを「回金」という）しなかった場合も、遅延期間に応じて一定割合の「未回金利息」を支払うというペナルティが課される。

f 保　　証

日本公庫との間の業務委託契約において保証責任についての約定が設けられており、受託金融機関は個別の代理貸付に対し保証責任を負担する。一般の支払承諾のように保証書を差し入れる手続を要しない。取引先からの保証委託については金銭消費貸借契約証書において特約事項とされているが、事前求償条項等の補完のため、別途支払承諾約定書および支払承諾依頼書を受け入れておくほうがよい。ただし、一般の支払承諾と異なり保証料の受入れは行わない。

3　代理貸付債務保証に関する問題点

a　一部保証

代理貸付と同時に受託金融機関が取引先の債務を保証することとなっている場合、一部保証であることが多く、その保証責任分は未回収債権額に対する比率（保証割合）をもって定められることが一般的である。この保証割合は代理貸付の種類によって異なり、たとえば日本公庫の中小企業事業代理貸付では80％、同じく国民生活事業代理貸付では80％または20％などと定められている。日本公庫の中小企業事業代理貸付の例では、受託金融機関は代理貸付金の80％について保証債務を負担しているため、取引先が債務を履行できない場合には一定期間以内に80％に対して保証債務を履行しなければならない。この80％とは未償還元金、未払利息、遅延損害金の各80％の合計額とされている。受託金融機関が保証債務全額を弁済した場合にも、代理貸付金に対しては一部代位弁済となり、受託金融機関は80％について求償権を有するが、残りの20％の代理貸付金については債権者である日本公庫に対する管理・回収義務が残ることになる。

b　回収金の充当義務

すなわち、受託金融機関が保証責任分の保証債務を履行した後、取引先から求償権または代理貸付債権を回収した場合は回収資金を按分して80％は受託金融機関の求償権に充当し、20％は日本公庫に回金しなければならない。この例で、受託金融機関が仮に代位弁済により取得した求償権全額を取引先（債務者）またはその保証人の預金と相殺することはできるが、相殺した場合も回収した資金の20％相当額は日本公庫に回金する義務がある。すなわち、保証債務履行前の代理貸付金残額に対して、保証債務履行により取得した求償権16％（80％×20％）に相当する金額の新たな求償権が残ることになる（当初の求償権は相殺により消滅しているので、残るのは回金義務履行により取得した求償権である）。その後にさらに回収した場合も同じ割合で回金と求償権の残存が繰り返されることになる。したがって、求償権を全額回収するためには、残りの代理貸付金と合わせた全額を回収しなければならない。

c　保証責任分を超える部分の代位弁済

このため、実質的には100％保証であるとする考え方もとりえそうだが、判例（最判昭62．7．10金融法務事情1167号18頁）は、国民金融公庫代理貸付（現在の日本公庫国民生活事業代理貸付）の事前求償権の行使に関して、受託金融機関の保証責任が一部保証であるとした。

したがって、受託金融機関が保証責任分を超えて弁済しても、当該超過部分については、保証債務の履行とはならないため、取引先に対して事前求償権を行使することはできず（民法460条）、また、事後求償権についても、銀行取引約定書の適用はなく、代位弁済前に取引先の預金に差押えがなされていた場合、相殺することはできないし（同法511条１項前段）、代位弁済時点でたとえば取引先が支払停止になっている、または破産手続開始の申立てを行っている場合に、相殺禁止規定（破産法72条１項）に該当するおそれがある。相殺禁止規定は特別清算等にも明文で規定が置かれている（会社法518条等）。

d 対　応

以上のことから、保証責任部分を超える求償権の保全対策としては、日本公庫等宛ての直接の担保および保証を受け入れ、これに代位するといった対応が必要となる。なお、代理貸付残額全額について、日本公庫等への直接の担保で保全されている場合、委託金融機関との間で債権の準共有や回収金の按分といった問題が生じない簡明さから、全額債権譲受の方式を用いて保証債務を履行することもある。

また、取引先の保証人の預金については、保証人自身に支払停止等の事由が生じない限り相殺が可能であるので、有効な回収方法となる。

さらに、根担保権についても、根抵当権の場合は譲受債権・求償債権が被担保債権の範囲として登記されていないので、被担保債権の範囲の追加的変更契約と登記を要し、破産法等においてこの実質的担保提供行為が否認権行使の対象とされるおそれがあるものの、債務者以外の第三者担保提供の場合は第三者自身に同様の支払停止等の問題が生じない限り否認権行使の問題は起こらないので、有効な回収方法となる。

第8節　外貨貸付

1　外貨貸付の概要

(1) 意　　義

外貨貸付とは外国通貨による貸付で、その法的性質は金銭消費貸借である。貸付金額は外国通貨で契約する。昭和55年に外国為替及び外国貿易管理法（以下「外為法」という）が改正され、対外取引を原則自由とする法体系に改められる以前には、外貨貸付は当時の大蔵省の規制下にあったが、たとえば開発計画に関連して開発自体とは別に必要な原材料の仕入れや経費などをまかなうための外貨貸付は、許可を得ることができた。このような外貨貸付は「インパクトローン」と呼ばれ、外為法の自由化、昭和59年の先物外国為替取引に関する実需原則撤廃を経て増加した。

(2) 特　　徴

a　銀行営業日

日本の銀行営業日であり、かつ、資金調達市場および貸し出した通貨の母国市場（例：ロンドン市場で米ドルを調達する場合はロンドン市場およびニューヨーク市場）においても、銀行が外貨資金取引および外国為替取引を行っている日を銀行営業日と定義するのが一般的である。したがって、貸出日、返済日ともそれらの銀行営業日にあわせる。

b　適用金利

市場での調達金利にマージンを加えた金利が取引先に対する貸出金利となる。

変動金利とするときは、契約書に金利変動ルールを明記しておく。

c　マルチ・カレンシー・クローズ（多通貨選択条項）

借入期間中に、利息計算期間ごとに、借入外貨の種類について当初の借入通貨から他の通貨への変更を認める条項のことである。通貨変更により生じる当初の貸出金額との増減を調整する定めもある。中長期のインパクトローンには、通常、この条項が置かれている。

(3)　種　　類

a　インパクトローン

前述の経緯から、資金使途に制限のない外貨貸付は、一般に「インパクトローン」（和製英語）と呼ばれる。

b　オープンインパクトローン

取引先が輸入決済資金などの外貨需要を有している場合等、インパクトローンによって得た資金を外貨のまま利用することを前提に為替予約を付さないものである。

c　スワップ付インパクトローン

借入時と返済時の為替予約を行うことで受取円貨額と支払円貨額を確定させ、実質的には円で借り入れたのと同等の効果をもたらすものである。借入時点で為替変動リスクを回避するために用いる。

2　取引上の留意点

(1)　為替リスク

外貨貸付により借り入れた外貨を円貨に替えて使用したり、返済時に円貨を外貨に替えて返済したりする取引先は、為替相場変動の影響を受ける。特に、借入時と異なる通貨で返済する場合、返済資金の為替予約等を締結しないオープンインパクトローンについては、常に為替変動リスクにさらされるため、金融機関としては、取引先の知識、経験、財産の状況および資金使途に照らして、外貨貸付を行うことが適当か否かを判断しなければならず、また、事前に取引先に対してその特性やリスクを十分説明したうえで、了解を得る必要がある。インパクトローンに関する金融機関の説明義務を認め、説明が不十分であったとして、金融機関に取引先に生じた為替差損についての損害賠償を命じた裁判例もある（前掲大阪地判昭62．1．29）。借入契約時に書面を受け入れることで為替差損が発生する可能性があるとともに、これが生じた場合にはすべて取引先が負担することを明確にしておく必要がある。

為替相場の変動リスクを避けるために、返済日の為替予約を締結することにより、返済に必要な円資金額を確定でき、借入の実質コストを確定させることができる。為替相場に精通していない取引先には、原則として為替予約を締結することを勧めるほうがよい。

(2) 借入の申込み

借入の申込みがあった場合は、前述のとおり、取引先に外貨貸付の特性・リスクをよく説明し納得してもらったうえで申込みを受け付ける。

外貨貸付にあたっては外国為替市場において貸付原資の調達を行う必要があるため、特に借入の申込み（初回金利適用期間などの条件も含む）を書面で明確にしておく趣旨で、借入申込書を受け入れる。受入れのタイミングは、原則として貸付実行日の２銀行営業日前までである。借入申込書には、金融機関が貸付原資の調達を行った後で、取引先の一方的な意向により当該借入申込みが取り消された場合に、金融機関に損害が生じた場合の取引先に対する損害金の請求についても規定されている。借入申込書は、借入申込み後の金利予約および為替予約の取消しができないこと、やむをえず借入申込み後の為替予約の取消しが必要な場合は金融機関の承諾を得るとともに取消しに係る清算金を金融機関が請求する場合があること、返済資金を借入時と異なる通貨とする場合で為替予約を締結しないことにより為替差損が発生する可能性があるとともに為替差損はすべて取引先が負担することをよく説明し、為替予約締結の要否を確認したうえで受け入れる。特に返済資金を借入時と異なる通貨とする場合で為替予約を締結しないときには、常に為替変動リスクにさらされるため、事前に取引先へ十分な説明を実施するとともに、取引先に納得してもらっておく必要がある。

(3) 契約の締結

a 契約書の受入れ

金銭消費貸借契約証書のほか、借入後の約定外内入れ・期限前返済が原則として禁止されること、および、やむをえず約定外内入れ・期限前返済を行う場合は金融機関の承諾を得るとともに期限前返済に係る清算金を金融機関が請求する場合があることについて特約した特約書、返済資金を借入時と異なる通貨とする場合で為替予約を締結しない場合については為替差損が発生する可能性があり為替差損はすべて取引先が負担することの確認書を受け入れる。

b　金銭消費貸借契約証書上の外貨貸付特有の条項

外貨貸付の金銭消費貸借契約証書も国内円貸付と基本的には同じであるが、外貨貸付特有の約定を締結する。当該条項の内容は、①銀行営業日、②元利金などの円貨換算相場および支払方法、③利息の計算、④マルチ・カレンシー・クローズのほか、⑤損害金の割合と計算方法（約定損害金割合または銀行が対象外貨貸付に見合う資金を調達した金利に一定のスプレッドを加算した割合のうちいずれか高いほうを適用するなど）、⑥期限前返済の場合には清算金を支払うこと、⑦事情の変更（法令、行政措置等の変更等）による期限の利益喪失、⑧期限の利益喪失時の為替予約の解除、⑨差引計算等などである。

⑷　実　　行

貸付の実行は銀行営業日とする必要があるが、市場の慣行から資金の受渡しは取引日の翌々銀行営業日となっているため、貸付原資の調達は実行日の２銀行営業日前には行われる。金融機関が貸付原資の調達を行った後は実行を取り消すことができない。取引先の一方的な意向により当該借入の申込みが取り消され金融機関に損害が生じれば、取引先に対し損害金を請求する。

外貨貸付の原資の１回の調達期間は、通常１年以内で、月単位・週単位で期間を設定する取引が一般的である。これ以外の期間の設定方法をとる取引は市場では通常行われておらず、調達金利は期間に比して一般に割高となる。調達期間に対応した実行日の応答日が銀行営業日以外に当たる場合は翌銀行営業日を応答日とする。ただし、翌銀行営業日が越月する場合は、応答日の前銀行営業日を応答日とする。

⑸　利息受入れ

ロンドン・インターバンク市場をはじめとするほとんどの市場では１年を360日とし、片端計算する慣行となっている。ただし、英ポンド、香港ドル、シンガポールドル等については１年を365日として計算する。また、利息は後取りとすることが多いが、前取りもできる。付利単位は補助通貨単位で補助通貨単位未満は切捨てとし、利息額の端数処理は、利息外貨額の補助通貨単位未満切捨てとする扱いが一般的である。

⑹　取引先の信用悪化時の対応

a　延　　滞

外貨貸付の返済期日に元金の回収ができない場合は、原則として取引先より念書を受入れのうえ、期日当日に記帳上円貨に転換し、管理する。

b　相　　殺

一般の貸付と同じく担保権の実行などにより回収を行うことになるが、外貨貸付特有の問題として、外貨貸付債権と円預金、異種外貨預金との相殺について説明する。

相殺は同種の債権債務の対立がある場合に対当額で行うことができる（民法505条１項）。そこで、外貨貸付債権と円預金、異種外貨預金との間に債権の同種性が認められるかが問題となる。

金融機関は、外貨貸付を当該外貨のほか円貨でも返済を請求することができる。このことから、外貨貸付の法的性質は、外貨表示債権（民法403条）と考えられている（最判昭50.７.15民集29巻６号1029頁）。したがって、自働債権である外貨貸付債権と受働債権である円預金との間には債権の同種性があるため、相殺可能と考えられている。異種外貨預金の場合も、異種外貨預金が外貨表示債権と認められれば相殺可能である。ただし、異種外貨預金を外貨表示債権ととらえることには異論もあるため、実務上は、異種通貨建債権債務の間でも相殺ができる旨の特約をしておくべきである。

第9節　シンジケートローン

1　シンジケートローンの概要

(1) 意　　義

シンジケートローンは、複数の金融機関が協調融資団を組成して、同一の融資条件に基づいて融資や保証等の大型の信用供与を行うことをいう。相対（バイラテラル）融資と対比される。貸付人は複数存在するが、契約書は1通作成し貸付人全員が記名捺印するので、契約内容は同一となる。

複数の貸付人と借入人との間には貸付人ごとに個別の金銭消費貸借契約が存在するが、各貸付人の借入人に対する権利行使等は貸付人間の公平性を損なわないように一定の制限が課せられ、資金の授受や融資金の管理について各貸付人が協調する枠組みが定められている。

なお、シンジケートローンはさまざまなバリエーションがあり、また契約書も個別に作成されることが多いので、そのつど内容を確認することが重要である。

図表3－7　バイラテラルとシンジケートローン

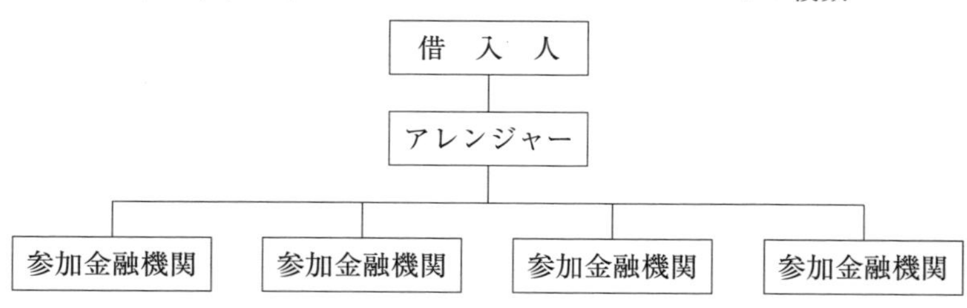

⑵ 特　　徴

a　関 係 者

シンジケートローンには借入人のほかにアレンジャー、エージェント、一般参加金融機関が存在する。

(a)　アレンジャー

借入人のマンデートに基づき、貸付人となる金融機関の招聘活動を行う。その後、融資条件の詳細の詰めや契約書の作成など、契約書が調印されるまでの間、案件の組成全般に携わる。通常、アレンジャーは自らも参加金融機関としてシンジケート団に加わる。なお、案件によってはアレンジャーが複数となったり、コ・アレンジャーが置かれたりすることもある。

(b)　エージェント

契約書調印後、資金の授受、最終期日までの元利金の支払事務、融資金の管理、担保管理、連絡など、期中の事務管理全般を行う。エージェントは、原則として貸付人の代理人として業務を担当する。通常はアレンジャーがエージェントに就任するケースが多い。大型プロジェクト案件においてはエージェントの役割を資金回りを担うファシリティ・エージェント、担保回りを担うセキュリティ・エージェント等に分け、複数の金融機関がエージェントを担うこともある。

(c)　参加金融機関

融資を行う金融機関のことである。参加金融機関が既往取引金融機関に限られる場合を「クラブ型」といい、既往取引金融機関以外からも広く参加者を募る場合を「ジェネラル型」という。

b　取引の流れ

(a)　借入人と金融機関（アレンジャー候補）との条件交渉

借入人と金融機関（アレンジャー候補）とによるシンジケート団組成の条件交渉を行う。この段階で借入人は自らの希望内容を伝え、金融機関は市場環境などの情報を提供して、シンジケート団組成に向けた基本的内容を交渉する。

(b) アレンジャーによる借入人からのマンデートの取得

基本的内容の交渉が合意に達すれば、借入人がアレンジャーにマンデート（シンジケートローンを組成する権限）を与えて、アレンジャーは参加金融機関の招聘に入る。

(c) インフォメーションメモランダムの作成

アレンジャーがマンデートを取得すると借入人と共同してインフォメーションメモランダムを作成する。インフォメーションメモランダムには融資条件、借入人の財務情報、業界や市場の動向などの情報も記載される。このように財務情報が記載されることから、潜在的な参加金融機関に秘密保持義務を課すことが必要となる。

(d) シンジケートローン契約書の作成

インフォメーションメモランダムに基づき招聘した金融機関がシンジケート団に参加するときは、アレンジャーに参加表明書を提出する。その後、アレンジャーが参加金融機関と借入人との間に立ち融資条件の詳細を詰める。

(e) シンジケートローン契約書の調印

借入人、参加金融機関、エージェントがシンジケートローン契約書に調印する。

(3) 特有の契約条項

シンジケートローンでは借入人と各貸付人との金銭消費貸借契約が1通の契約書で規定されるので誤解なく理解される必要があることから、契約書上の用語が定義される。さらに、各貸付人がシンジケート団として統一した行動がとれるように一定の枠組みが定められている。また、銀行取引約定書に準拠しない形態の契約書が一般的であり、バイラテラルの融資とは異なる条項が置かれている。以下、代表的なものを例示する。

a 多数貸付人の意思結集

シンジケート団としての統一的な意思決定の方法についての規定である。融資額または融資枠の合計が一定割合以上となる単独または複数の貸付人とするケースが多い。意思結集の内容に応じて、多数貸付人の合意ないし同意で足りる場合と、全貸付人の合意ないし同意が必要となる場合がある。

b　プロラタシェアリング

一部の貸付人が借入人から返済を受けた場合に、当該回収金を貸付人全員に分配するための規定である。たとえば、特定の貸付人が融資債権と預金債権との相殺や強制執行による回収を行ったケースである。相殺・強制執行により回収が行われた場合、貸付債権は消滅するため、エージェントによる分配規定では貸付人間の調整を図ることができない。そこで、貸付人間で債権譲渡による調整を行い、あたかも回収が貸付人全員に按分して行われたような結果となる仕組みが規定されている。

c　表明および保証

借入人の契約締結能力の確認、借入人の義務履行に重大な影響を及ぼすおそれのないことの確認、法令違反がないことの確認などである。

2　取引上の留意点

(1) 実　　行

a　融資の前提条件の確認

シンジケートローンでは諾成的消費貸借契約の形式をとることが多いので、融資実行の前提として前提条件を充足していることを確認しなければならない。前提条件が充足していないとき、貸付人は融資実行義務を免れる。

前提条件の充足を判断する方法として、各貸付人が個別に判断する方法、多数貸付人の判断に委ねる方法がある。

b　融資の形式

(a)　タームローン

従来の証書貸付と同じく、個別の融資契約を行う形態である。

(b)　コミットメントライン

リボルビング方式（コミットメント期間内に極度額の範囲で借入と返済を反復して行える方式）の場合に利用される。契約で、期間・限度額・融資条件を定めておき、融資枠の範囲内で金融機関が融資義務を負担する形態である。

(2) 回　　収

シンジケートローンでは、回収についても全貸付人が平等、公平に取り扱われることが規定されており、一般的にエージェントを通じて融資金の回収および分配が行われる。なお、前述のとおり、相殺や強制執行により一部の貸付人が優先的に回収した場合には、プロラタシェアリング条項により、全貸付人に公平に分配するような調整が行われる。

3　シンジケートローンの収益

シンジケートローンは、通常の融資による資金収益のほかに、手数料収益が見込める。

① 手数料収入

○ アレンジャー……アレンジメントフィー＝組成額×定率（実行時1回限り）

○ エージェント……エージェントフィー＝毎年定額

② 資金収益

通常の貸付による資金収益と同じ。

第10節　コミットメントライン契約

1　コミットメントライン契約の概要

⑴　意　　義

コミットメントライン契約とは、特定融資枠契約に関する法律２条の定義によれば「一定の期間及び融資の極度額の限度内において、当事者の一方の意思表示により当事者間において当事者の一方を借主として金銭を目的とする消費貸借を成立させることができる権利を相手方が当事者の一方に付与し、当事者の一方がこれに対して手数料を支払うことを約する契約」である。

銀行取引に置き換えると、あらかじめ合意した期間・借入限度額・融資条件の範囲内であれば取引先がいつでも借入ができる融資枠を設定し、金融機関はこの範囲で融資義務を負い、これに対して取引先が手数料（コミットメントフィー）を支払う契約である。

コミットメントラインは、取引先にとって以下の利点がある。

① 流動性資金の水準を見直すことができ、余剰資金により有利子負債の圧縮ができる。

② 安定的かつ迅速な資金調達枠が確保できる。

③ バランスシートのスリム化により財務指標を改善することができる。

④ CP発行体にとっては、バックアップライン設定の一つの方法となる。

⑵　法的性質

コミットメントライン契約の法的性質は、借主だけが予約完結権を有する消費貸借の一方の予約である（民法559条、556条）。つまり、借主がコミットメント期間内に極度額の範囲で予約完結権を行使することにより貸主と借主との間に諾成的金銭消費貸借契約が成立し、貸主は借主に対して融資義務を負担することになる。

⑶　コミットメントフィー

コミットメントフィーは、コミットメントライン契約において貸主が融資枠を設定する対価として借主が支払う手数料である。コミットメントフィーの支払方法は次の二つがある。

①　コミットメントフィー形式

融資枠の極度額から現実に融資を実行した額を差し引いた空枠部分にフィー料率を乗じる方式

②　ファシリティーフィー形式

現実の融資実行の有無に関係なく、融資枠の極度額全体にフィー料率を乗じる方式

2　特定融資枠契約に関する法律

コミットメントライン契約の締結により、金融機関に支払われる手数料（コミットメントフィー）が利息制限法、出資法に規定する「みなし利息」に該当するのではないかという議論がされ、その場合、取引先が借り入れる金額が少ないときは、利息制限法や出資法が規定する規制金利を超過することになる。むしろ、最高裁判例（最判昭57.12.21金融法務事情1031号44頁）の考え方からすれば、みなし利息に該当する可能性が高いと考えられていた。そこで、規制金利の超過を回避するために、コミットメントライン契約で一定の借入残高を維持することを条件（借入維持条項）とする方法がとられることもあった。

この問題を立法的に解決するために、平成11年３月に特定融資枠契約に関する法律が制定され、同法２条に規定する借主（概略下記）については、手数料（コミットメントフィー）について利息制限法、出資法のみなし利息に関する規定を適用しないこととされている（同法３条）。

① 会社法上の大会社（資本金の額が５億円以上または負債の額が200億円以上の株式会社）

② 資本金の額が３億円を超える株式会社

③ 純資産の額が10億円を超える株式会社

④ 金融商品取引法の規定による監査証明を受けなければならない株式会社

⑤ 上記①から④までの株式会社の子会社

⑥ 保険業法上の相互会社（保険会社）

⑦ 一定の金融商品取引業者、証券金融会社、貸金業者

⑧ 資産の流動化に関する法律に規定する特定目的会社

⑨ 投資信託及び投資法人に関する法律に規定する登録投資法人　など

なお、上記以外の取引先についても、コミットメントライン契約を締結することは可能であるが、この場合は手数料がみなし利息に該当し、利息制限法や出資法の規制金利を超過すると解釈される可能性がある。これを回避するために、従前のようにコミットメントライン契約上で一定の借入残高を維持することを条件とすることも考えられる（借入維持条項）。しかしながら、一定金額の借入の維持を求めることは独占禁止法上の優越的地位の濫用に抵触する可能性も否定しきれないことから、導入にあたっては取引先の会社の規模、財務内容、コミットメントライン契約の理解度、ニーズ等を十分に検討して、慎重に対応することが求められる。

第11節　コベナンツ（covenants）

1　コベナンツ（誓約）の概要

(1)　意　　義

コベナンツとは、金融機関が取引先に対して融資を行う際に締結する融資契約書で規定する「約束」「合意」事項である。社債を発行する場合にも、コベナンツが規定される。コベナンツは融資形態や担保・保証ではなく、融資取引に際して取引先が遵守すべき約束の一つ（条項）にすぎない。

コベナンツ自体は新しいものではなく、従来の約定書でも規定されている。たとえば銀行取引約定書における調査・報告義務条項や、社債発行に際しての担保提供制限条項、配当制限条項などである。しかし今日では、金融機関と取引先が、取引先の事業リスクを的確に把握し、そのリスクをミニマイズすることを目的とし、ストラクチャードファイナンス、シンジケートローン、コミットメントライン、融資資産の流動化・証券化などに際して利用されるようになった。

また、金融庁の「地域密着型金融の機能強化の推進に関するアクションプログラム（平成17年～18年）」における担保・保証に過度に依存しない融資の推進策として、キャッシュフローの重視とともに、ローンレビュー（融資後の業況把握）、財務制限条項などの活用が記述され、現在では中小企業取引においてもコベナンツの活用が進んでいる。

(2)　法的留意事項

コベナンツの内容が、他の法令に抵触したり社会的に相当でなかったりする場合には、効力が否定されることがある。たとえば取引先の経営の自由度を拘束し、経営に介入する内容を定め、それが過度の場合には、独占禁止法上の優越的地位の濫用に該当したり、銀行法上の他業禁止に抵触したりすることになり、私法上もコベナンツ自体が無効とされることも考えられる。また、コベナンツに違反した場合は一定のペナルティを課すことが規定されるので、解釈について金融機関と取引先の間で紛争が生じないように、コベナンツの内容をできるだけ客観的に明確にしておくことが必要である。

(3) 限　　界

コベナンツは、担保や保証ではないから、取引先が破綻しても優先的に債権の保全を図ることはできない。また、コベナンツの内容の決定にあたっては、モニタリングや事務管理のための費用の増加、コベナンツの具体的な目的、取引先の状況などをふまえて適切な内容を定めなければならない。

2　コベナンツの具体例

さまざまなコベナンツがあるが、代表的なものとして以下がある。

① 担保提供制限条項（ネガ・プレ）

資産を他の債権者に担保提供することを禁じることである。ただし、担保提供が禁じられることから資金調達を困難にする可能性がある。

② 財務制限条項

一定の財務条件の維持を確約するもの。たとえば次のような条項がある。

○ キャッシュフロー・カバレッジ条項……キャッシュフローを検証するものである。これにより元利金の支払資金の確保を目的とする。

○ 純資産維持条項……例：令和○年○月期の純資産額の○％以上に維持する。

○ 利益維持条項……例：２期連続で経常損失にならないこと。

○ 配当制限条項……（一定の信用悪化が生じた場合）配当を行う際には債権者の同意を必要とする。

③ 報告・情報提供義務

所定の事象（例：期限の利益の喪失事由）の発生の報告や、財務情報の提供を義務づけるもの。

④　その他

主たる事業の継続、合併等の制限、借入等の制限など、案件の特質等をふまえて規定される。

3　コベナンツ違反

コベナンツに違反した場合の債権者の対応として以下が考えられる。コベナンツ条項を置く場合、違反した場合の効果についてもあらかじめ定めること等により、可能な限り明確化しておく必要がある。

①　期限の利益の喪失

融資金を即時に回収する（クロスデフォルト条項により、ある債務について期限の利益を喪失した場合は、他の契約においても期限の利益を喪失することがある)。

②　融資条件の変更

担保設定、金利の引上げなど債権者に有利に条件を変更する。

③　コベナンツ条項の履行を求める

軽微な違反の場合には、コベナンツ条項どおりの履行を求める。

4　コベナンツ条項の変更

取引先からコベナンツ条項の変更を求められた場合は、申出事情を十分に聞くとともに取引先の状況を調査し、リスク変動の内容を検討して判断する。なお、コベナンツの変更に応じるときは、変更手数料を受け入れることもある。

第12節　ABL

1　ABLの概要

(1) 意　　義

ABL（Asset Based Lending）とは企業が保有するAsset（資産）に依拠した融資であり、在庫・設備等の動産や売掛金等の債権といった事業収益資産を譲渡担保とする融資手法を指す。借り手である主として中堅・中小企業側からみれば、不動産担保や個人保証を差し入れなくとも融資を受けられる可能性が広がるという意味で、資金調達枠拡大に資する借入手法である。貸し手である金融機関側からみれば、企業のキャッシュフローの源泉を担保として取り込みながら、そこから生じるキャッシュフローを返済原資とする融資手法であって、企業の経営実態をより深く把握することが可能となり、信用力の補完を図ることが可能となる。

(2) 特　　徴

ABLの融資の形態は、従来行われている金銭消費貸借契約である。特徴は、動産や債権を譲渡担保とする点である。融資における譲渡担保とは、担保の目的で動産や債権等を借り手から貸し手に移転し、借り手が融資を返済すれば貸し手に移転した動産や債権等の返還を受けることができるが、融資を返済できなくなった場合には返還を受けることができなくなるという担保の形式をいう。民法には規定がないが、広く実務において利用されており、最高裁判例においても有効であると認められている（なお、法制化に向けて令和3年4月から法制審議会担保法制部会において調査・審議が継続されている）。譲渡担保を設定すると、動産や債権等の所有権は貸し手に移転するが、借り手が融資返済を約定どおり行う以上、動産の現実の占有や債権の回収権限は引き続き借り手に残すケースが一般的である。この場合、借り手は、譲渡担保を設定した後も、担保たる在庫を製品に加工したり製品の販売代金を売り先から回収したりすることが可能となる。また、会計上は、現実の占有が借り手の元に残り、借り手が自らの事業に使用している実態に即して、借り手が保有する資産とされる。すなわち借り手の貸借対照表の資産の部に変更はない。貸し手は、融資実行後、担保とした資産の増減や現況等につき借り手から定期的に報告を受ける。そして、借り手が借入を返済できなくなった場合、最終的には担保資産たる在庫を換価処分したり売掛金を直接回収したりして融資金の回収に充てることになる。

2　ABL特有の手続

ABLによる融資を実行するには、動産や債権への譲渡担保設定に関して特有の手続がある。

⑴　担保資産評価

不動産担保を受け入れるにあたって当該不動産の価値を路線価や近隣売買事例等を用いて評価するのと同様、譲渡担保として受け入れる資産の評価を行う（債権は基本的に券面額により評価される）。評価方法としては、売却予定先との間で締結されている売買（予約）契約上の売買価格、適切な市場の存在などにより価格が標準化されている場合はその価格、専門業者等への売却が一般的に行われている場合はその業者等から収集した売却価格等情報をもとにした価格、担保評価の精度が高いと認められる外部の評価会社が評価した価格、金融機関が蓄積したノウハウに基づく評価方法による価格等が考えられる。

評価の対象は加工品・機械設備・生鮮品等と、幅広い。したがって、対象資産の保存状態や管理体制が評価に影響するケースも相応に考えられる。

⑵　担保の登記

譲渡担保の対象資産の所有権が借り手から貸し手に移転したことを第三者に対抗するため、動産譲渡登記や債権譲渡登記を行う。この登記に関して動産及び債権の譲渡の対抗要件に関する民法の特例等に関する法律（以下「動産債権譲渡特例法」という）がある。同法３条１項では、動産の譲渡につき動産譲渡登記ファイルに譲渡の登記がされたときは、当該動産について民法178条の引渡し（動産譲渡の第三者対抗要件）があったものとみなされる。譲渡担保の対象となる動産が集合動産の場合は、当該動産の「種類」「動産の保管場所の所在地」等によって特定する（動産債権譲渡特例法７条２項５号、動産・債権譲渡登記規則８条１項）。

動産債権譲渡特例法４条１項では、債権の譲渡につき債権譲渡登記ファイルに譲渡の登記がされたときは、債務者以外の第三者については民法467条の確定日付ある証書による通知（債権譲渡の第三者対抗要件）があったものとみなされる。動産債権譲渡特例法４条２項では、債権譲渡および債権譲渡登記がされたことにつき譲渡人（借り手）もしくは譲受人（貸し手）が当該債権の債務者に登記事項証明書を交付して通知するか当該債務者が承諾したときは、民法467条の通知または承諾（債権譲渡の債務者対抗要件）があったものとみなされる。

3　ABL取引時の主な留意点

ABL取引をするにあたって貸し手が留意すべき主な点は次のとおりである。

(1)　借り手への十分な説明

貸し手は借り手に対し融資契約の内容について十分な説明をしなければならないのは当然である。ABL取引については、借り手が取引に不慣れな場合も多いであろうから、上記に加えて、譲渡担保契約の内容についても十分な説明をしなければならない。担保とされる資産の特定・評価方法・評価額・借り手が負担する費用があればその内容および額（たとえば外部の評価会社による担保資産の評価費用）等である。

また、貸出実行後に定期的に貸し手に報告すべき事項があればその内容（たとえば在庫の変動・現況）についても事前に説明して借り手に協力を得る必要がある。

⑵　業法の規制を受ける資産

貸し手が譲渡担保として取得した資産は、最終的には貸し手が換価処分することが想定されている。そこで、保有・販売するために業法上の規制がある資産の場合、貸し手たる金融機関は、業法上の規制をクリア（例：許可を取得）しなければ当該資産を換価処分できず、債権保全に支障をきたすこととなる。保有・販売するために業法上の規制がある資産として、次のようなものがある。

○　食肉（食肉処理業・食肉販売業について都道府県知事の許可が必要）

○　医薬品（薬局開設者または医薬品の販売業についての都道府県知事の許可を受けた者でなければ、業として、医薬品を販売等できない）

⑶　譲渡担保として取得予定の資産の調査

譲渡担保として動産を取得する場合は、保存状態や管理体制を確認するため、現物確認をする必要があろう。また、現物確認の結果保存状態や管理体制に問題がなくても他の譲渡担保契約や譲渡登記が先行している場合は、他の貸し手に劣後することになるので、借り手へのヒアリングや登記情報の確認をすることが必要である。

第13節　金利スワップ

1　金利スワップの概要

(1) 意　　義

金利スワップ取引とは、固定金利と変動金利とを一定の取引期間にわたって交換するデリバティブ（金融派生商品）取引をいう。具体的には、変動化スワップ・固定化スワップがある。

貸出取引に関する固定化スワップを例にとってみる。借り手にとっては、新規の変動金利借入と固定化スワップとを組み合わせるのであれば、単純な固定金利借入のほうが、コストの面で有利であることが多い。しかしながら、シンジケートローンなど複数の金融機関から同一条件で借り入れる場合に、金融機関の意向をふまえて変動金利借入としつつ、借り手のニーズに応じて固定化スワップを組み合わせることも考えられる。また、すでに変動金利借入を行っている借り手が将来の金利上昇リスクをヘッジするために支払金利を固定化したいニーズがあったとする。この場合、固定金利借入に借り替える方法もあるが、変動金利借入の契約の変更を避けたり変動金利借入の一部を固定化したりするために、変動金利借入を継続したまま固定化スワップを別途契約することが考えられる。

当該借り手は、銀行等から変動金利を受け取って固定金利を支払うという金利スワップ（交換）取引を行えばよい。借り手は、変動金利を受け取って（金利スワップ取引）変動金利を支払う（借入への利息支払）とともに固定金利を支払う（金利スワップ取引）こととなる。その結果、以下の図では、借り手には、変動金利の差（(全銀協TIBOR＋α％－全銀協TIBOR＋０％)＋固定金利β＝α＋β％）の固定金利を支払うという経済効果が生じる。

図表３－８　金利スワップの仕組み

（全銀協TIBOR＝全銀協TIBOR運営機関が公表する日本円金利）

⑵　特　　徴

金利スワップ取引は、固定金利と変動金利とを交換する取引であるが、実際には固定利率（パーセント）と変動利率（パーセント）とを交換することができないため、「想定元本」という概念を用いる。すなわち、「想定元本×変動利率による利息額」と「想定元本×固定利率による利息額」とを交換する（金銭の相互支払）という形態をとるのである。前述の図において借り手が金融機関から借りている借入額と同額を金利スワップ取引の想定元本とすることが一般的である。

また、金利スワップ契約は融資契約とは別個の契約である。したがって、前述の図で、金融機関Aと金融機関A'とは同じである必要はない。

金利スワップは一定の取引期間にわたって固定金利と変動金利とのキャッシュフローを交換するものなので、将来のキャッシュフローを現在価値に引き直した時価が存在し、その時価は金利動向等により契約締結後も変動することになる。

2　金利スワップ契約の手続

⑴　契約締結前

金利スワップ取引は、金融商品取引法における金融商品取引契約に該当する。したがって、銀行等の金融機関には、金融商品取引法上の規制が適用される。

たとえば契約締結前書面の交付や契約締結時書面の交付である。金利スワップ契約の契約締結前交付書面には契約の概要、手数料、市場金利の変動等により顧客に損失が生じるリスクがある旨（たとえば時価が減少すること、変動金利が一定以下であると顧客の固定金利支払が変動金利受取りより高くなること）、中途解約が原則としてできない旨、やむをえず金融機関の同意により中途解約される場合には顧客に清算金支払の負担が生じうる旨等が記載される。

(2) 契約締結時

金利スワップ契約を締結するには、デリバティブ取引全般に関する基本契約書（「金銭の相互支払に関する基本契約書」などのタイトルが付される）および当該金利スワップに関する個別契約書（約定書）を締結するケースが一般的である。

a　基本契約書

デリバティブ取引には金利スワップだけでなく、通貨スワップ（異種通貨間での元本や金利の交換）、金利オプション（金利を売る・買う権利の売買）、通貨オプション（通貨を売る・買う権利の売買）その他の種類がある。基本契約書には、これらデリバティブ取引を行うための基本的な事項が記載される。たとえば基本契約書と個別契約書（約定書）とが一体となって１件の契約を構成する旨、金融機関と顧客とが金銭の相互支払をする旨およびその支払方法、個別取引の中途解約が原則不可である旨等である。

b　個別契約書（約定書）

顧客との間で約定した契約内容が記載される書面である。契約内容として、想定元本額・約定日・取引開始日（約定日の２営業日後など）・取引終了日・顧客の金融機関に対する支払（固定金利）の支払金利（前述の図ではβ％）や支払方法・金融機関の顧客に対する支払（変動金利）の支払金利の定め方（前述の図では全銀協TIBOR＋０％）や支払方法等が記載される。

3　金利スワップ取引時の主な留意点

(1) 契約締結前

金融機関に対する契約締結前書面の交付義務は、商品内容を顧客が理解しないまま金融商品取引契約を締結することを禁じる趣旨で課されるものなので、単に書面を交付するだけでなく、顧客の知識・経験・財産の状況・契約締結目的に照らして顧客が契約内容を理解できるよう説明することが求められる。

また、時価が変動すること、中途解約が不可であること、やむをえず金融機関の同意により中途解約される場合には顧客に清算金支払の負担が生じうること等は、通常の貸出取引にはない事柄であり、また、顧客からのちに説明を受けていないと主張されてトラブルになる懸念もあるため、十分に顧客に説明することが必要である。

⑵　契約締結時

金利スワップ取引は、変動金利・固定金利の相場変動をふまえて約定されるため、契約締結前交付書面に書かれたとおりの条件で約定できるとは限らない。電話等で最終条件を確認のうえ約定することが一般的であるが、約定時には取引条件を顧客との間でしっかりと確認することが必要である。約定後はすみやかに契約内容を記載した個別契約書（約定書）を顧客との間で取り交わす。

〈新金融実務手引選書〉
融資契約の手引

2025年3月27日　第1刷発行

編著者　三菱UFJ銀行法務部
発行者　加　藤　一　浩

〒160-8519　東京都新宿区南元町19
発　行　所　**一般社団法人 金融財政事情研究会**
出　版　部　TEL 03(3355)2251　FAX 03(3357)7416
販売受付　TEL 03(3358)2891　FAX 03(3358)0037
URL https://www.kinzai.jp/

校正:株式会社友人社／印刷:三松堂株式会社

ISBN978-4-322-14474-1